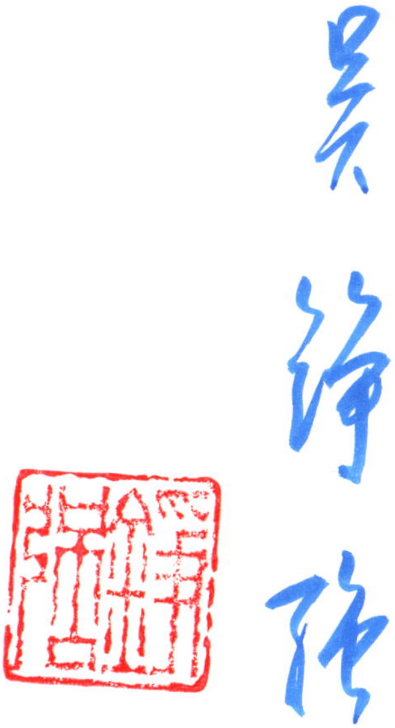

壹卷

YE BOOK

洞 见 人 和 时 代

宋朝的祛魅

吴铮强 著

四川人民出版社

自序：消除现代化焦虑的宋史观

历史学者应该坦然承认自己的工作必然受到时代的深刻影响。包括重要的宋史学者张荫麟在内，中外诸多先贤早已在理论层面把这个问题阐述的十分透彻，这里无需赘述。这本小杂文集多数是从这个角度讨论当下时代宋史叙述的可能性，对此可以再作一点小结。

世人对宋史的理解当然是层累与多变的，赵宋本朝与元、明、清三朝的宋史叙述就有微妙的转型，近代以来的宋史研究更经历了抗战前后、建国初期与改革开放的不同时期，中外宋史观的差异则是另一个有趣的议题。改革开放以来，宋以来的中国史研究主要在现代化焦虑下得以展开，现代化是相对于传统社会而言，中国的传统社会主要由宋朝“造就”，宋史由此成为探讨中国现代化道路的特殊议题。

现代化视野下的中国史观，理论上可以分为动力内生与外生两大派别，两派又可以各自分化为三种解释的模式。内生派认为传统中国可以凭借自身条件实现现代化，对近代西方冲击的理解又可能产生三种不同的意见：一是认为中国本来在现代化的正常进程中，结果被西方的侵略打断，中国革命的根本任务就是恢复与增强中国社会形态的演化进程；二是认为中国本就开启了迈向现代社会的进程，西方的冲击只是影响而不能根本改变这个进程；三是认为中国的现代化进程滞后于西方，始终处于跟跑西方现代文明的状态。外生派则认为西方冲击才开启了中国现代化的进程，也只能依赖外部力量实现某种程度的现代化。外生派对传统中国与西方现代性的关系也可能有三种不同的理解：一是只能以西方现代文明取代传统中国，否则中国永久陷于落后境地；二是传统中国在西方的刺激下勉力推进现代化，即所谓冲击-反应理论；三是虽然传统中国不具备现代化的条件，但与西方现代文明并不形成直接冲突，也无拒斥现代性的需求，可以在保存传统中国的前提下引进现代性。

以上是现代化焦虑下宋以来中国史观构建的六种可能。具体到宋史研究，改革开放以来多数宋史学者相信中国历朝只有宋文明与西方现代文明最为接近，至于宋文明是否具备现代性的本质？是否开启了中国的现代化进程？是否能够引导出中国的现代文明？对这些问题的理解仍然多有分歧。这里无意辨析既有宋史学说的内在逻辑，而是试图指出改革开放时代的宋史观总体上具备现代化焦虑的特征，从而引导出假设能够消除现代化焦虑，如何可能重新构建宋史观的问题。至少相对于改革开放之初，消除现代化焦虑在当前中国已成为现实议题，如果尚未完全确定的话。消除现代化焦虑是指：当前中国的现代化程度与西方社会已没有根本性差距，中国不再因为焦灼于救亡图存、民族兴衰而对西方文明产生崇媚或仇恨的极端心理，现代化并非中国不可能完成的任务，而是延绵不绝的中华文明必将征服的又一座险峰，中华民族还将迎战更加波澜壮阔的现代性征途。如果这样展望中国历史的前景，现代化焦虑下的宋史观理应有所调整与重构，当然现代性本身的价值不会被否定或抛弃。这将意味着不分时间早晚，中国与西方世界是现代文明平等的参与者与共同的建设者，中国的现代化不是现代性取代传统文化，而是传统中国为适应新的生存条件与国际环境完成的自我更新，传统中国的诸多方面有可能与现代性产生契合，传统中国的社会文化根基足以接纳、消化现代文明，从而促成中华文明新的升华。

因此，消除现代化焦虑，意味着不再将宋朝作为现代化的镜像，不再对宋政权投射现代性的价值关联。

消除现代化焦虑，是将宋朝理解为中国接纳现代性的社会原型，只有透彻剖析宋朝的社会结构，才能深刻理解中国对西方冲击应激反应的现实条件与必然之势。

消除现代化焦虑，是自觉地将宋文化作为中国人在现代化过程中实践自身价值的文化根源。宋文化是数千年华夏文明赓续的重要环节，进化出中国人文化属性的成熟基因，只有全面整理宋朝的文化遗产，才能自觉承担起现代中国人的文化使命。

消除现代化焦虑，绝不是拒绝现代性价值理念，而是对接纳现代性的从容自信。现代性价值理念的根本，是承认人首先作为经济个体而存在，而社会是自由人的联合。这是现代社会科学的基本预设，社会行动由此成为历史叙述的本质主体。据此，重建宋史叙述的基本任务就是描述各色人等的行动如何演绎了宋朝的政治过程、构造了宋朝的社会形态、形塑了宋朝的文化遗产。

毫无疑问，重建宋史观与宋史叙述，是所有时代的所有人（宋史学者）共同的也是各自的自由事业。以上点滴随想，也是对诸多先贤思想的摘录与转述，卑之无甚高论。

是为序。

吴铮强

2024年11月23日

目　录

“赵宋造极论”辨[①]

一、造极说与新宋学

近年来，谈论宋史者好引陈寅恪“华夏民族之文化造极于赵宋之世”之语以抬高宋朝的历史地位。然而陈氏此语是从探讨中国学术复兴的角度提出，与宋朝历史地位之议题实有隔阂。陈寅恪“华夏民族之文化，历数千载之演进，造极于赵宋之世”一语出自邓广铭《宋史职官志考证》序，他认为学术兴衰本是历史常事，正如儒学在唐末五代衰微至极，但宋人援佛入儒，儒学以理学（新儒学）的形式再次复兴，据此

---

① 原题《“华夏民族之文化造极于赵宋之世”辨》，原载个人公众号“寻宋”，2021年10月12日；澎湃新闻网·私家历史，2021年10月23日。

相信中国学术在近代衰微之后“终必复振”。由于坚信中国学术复兴之路必将参照宋学模式，“将来所止之境，今固未敢断论，唯可一言蔽之曰，宋代学术之复兴，或新宋学之建立是已”。陈寅恪进而推论宋史研究对于复兴中国学术必有裨益，这才让他在为邓广铭的宋史研究论著撰序时提出“华夏民族之文化造极于赵宋之世”的论断。

换言之，陈寅恪“造极论”的逻辑链是这样的：学术演进呈现规律性的兴衰更替→华夏文化在五代衰极之后“造极于赵宋之世”→近代学术复兴理当参照宋学→因此有必要研究宋史。这就意味着“造极论”只是陈氏论证其学术取向的一个中间环节，而且是撰序时的借题发挥，并非陈氏立论的出发点与落脚点。因此试图理解陈氏的“造极论”，关键在于剖析陈氏的“新宋学”立场，舍此而抽象地讨论“造极论”，势必流于空洞。

近代以来，西学东渐，传统文化遭受重创，如何重建中国学术是摆在民国学人面前重大而迫切的问题。时人提出种种方案，又以陈寅恪之“新宋学”

立意最高而彪炳史册。陈氏对“新宋学”的构想，今人多有勾勒（罗志田、王东杰、桑兵、侯宏堂）。概而论之，陈氏以儒家伦理（《白虎通义》三纲六纪之说）为核心理念（或曰超验价值、抽象理想、idea），在坚持民族文化本位的同时，强调吸纳外来之学说（西学）。这样的学术复兴方案之所以被称为“新宋学”，是因为陈寅恪把宋学的儒家立场视为“不忘本来民族之地位”，又将援引佛教思想视为“吸收输入外来之学说”，进而力图遵循宋学的模式寻求中国学术的复兴，“此二种相反而适相成之态度，乃道教之真精神，新儒家之旧途径，而二千年吾民族与他民族思想接触史之所昭示者也”（陈寅恪：《冯友兰〈中国哲学史〉下册审查报告》）。

二、新宋学之检讨

陈寅恪的新宋学理念在同时代学人中见识甚高，对于今天的中国也仍有重大的启示意义。但近代以来乃至今日，中国社会与学术的发展，毕竟没有按照陈寅恪的设想行进。无论如何推崇陈氏的精神与学术，都不能否认陈氏的政治立场属于文化保守主义的阵营，其新宋学的理念以儒家伦理为精神内核，其民族文化之本位特指传统士大夫文化，其强调的吸收输入外来之学说与构建普遍的人类学术共同体终究是不同的概念。

评判陈寅恪的新宋学理念，需置于近代以来中国不同学术道路的比较之中。与陈氏新宋学说并立者，除固守传统经学者过于迂腐不值一论之外，又有胡适为代表的全盘西化论，章太炎为代表的传统文化普世论，以及现实的中国学术社会科学化的道路。与陈寅恪的新宋学理念比较，全盘西化论直接放弃“本来民族之地位”，儒家文化即使不是专制的源头，至多不过是“整理国故”的对象，而不再具备精神与理想的价值；章太炎的传统文化普世论，其立意甚至比陈寅恪更加高远，认为传统文化绝非儒家一家可以囊括，自有其恒有精神与理想价值，且包罗万象而开放常新，因而表面上有排外的色彩。与陈寅恪相比，章太炎坚守民族本位的立场更加鲜明，对传统文化与普世文化的姿态也更为开放，唯其过分强调传统文化之形而上学理念及古典形式，实不能顺应近代学术讲究通俗、实效之潮流，理论、逻辑上固有迷人之处，现实中也盛极一时，终究最早退出历史的舞台。

至于现实的中国学术现代化道路，形式上已采用西方社会科学的话语体系，但其"民族本位"之立场，实比陈、章二氏更具本质性。陈、章所谓民族本位虽有广狭之分，却均指出抽象之理念。然而打破形而上学是近代学术的基本特征，哲学社会科学的基本预设在于人的基本需求与社会经济之实践活动。故而坚守民族本位，是否传承传统文化之理念或形式可能无关紧要，根本问题在于学术研究是否以本来民族之权利为根基，是否以无数中国人的社会实践为学术逻辑的基本出发点。

比较四种学术道路，陈寅恪新宋学的优点在于兼顾民族本位与世界潮流，兼顾精神理念与现实条件，局限则是其理解民族本位的视野略显狭隘，其坚守的精神理念尚显保守。虽然在逻辑上自成体系，于政治文化实践也多有建树，但新宋学毕竟属于传统士大夫精英阶层的学术追求，随着士绅阶层对中国社会领导能力的式微，这种学术形态也终究归于边缘。

三、造极论之解构

在剖析陈寅恪新宋学的基础上，自然可以重新理解其依附于新宋学理论的“天水一朝造极论”。简单讲，如果认识到陈寅恪新宋学构想毕竟价值有限，则宋朝造极论是否成立就必须重新考量。

其实大家非常熟悉，从王朝国力强盛的角度来讲，宋朝有所谓积贫积弱之说。称宋朝积贫固然无法成立，但军事外交上宋朝两次屈辱亡国，注定了其孱弱的形象——无论与同时代的辽、金、元，还是前后的汉、唐、明、清比较。即便从文化史的角度而言，只要不是像陈寅恪这样将儒家伦理视为民族本位的精神内核，而是着眼于整个中华民族史的兴衰成败，恐怕也不会接受宋儒吸纳佛教理念构建新儒学就是中国文化史的巅峰时刻这一观点。从智力的迸发及社会的锤淬锻炼程度而言，春秋战国的百家争鸣，汉唐的道教与佛教的发展，宋代新儒学的重建，以及明清的阳明心学、市民文学及乾嘉学派，这四个中国文化史上的重要阶段理应等量齐观，而无所谓“造极”之世。如果更细化到思想、文学、艺术、技艺等具体的层面，只顾宋朝而不及其他至少显得过于狭隘，毕竟以苏轼与王羲之较量书法，以赵佶与吴道子较量绘画，以朱熹与玄奘较量思辨能力，这等较量倒像是市井茶余而非严肃地讨论。

就陈寅恪的精神信仰及诸多宋朝文化崇拜者的角度而言，宋文化的特殊地位是由程朱理学在明清两朝列为正统学说，并成为士大夫阶层的精神信仰而确立起来的，但程朱理学毕竟是儒学在特定时代的一种形态，很难认为程朱理学必然超越春秋孔子之学。文化界又有借新宋学标榜宋代士大夫政治之风潮，宋代士大夫政治虽是历史事实，但其能量实不宜过高评估——毕竟宋朝构建道教王国的热情从未消退，而真正以士大夫身份掌握朝政并扶植程朱理学的史弥远，因擅行废立而犯下儒家伦理之大罪。更何况程朱理想化的士大夫政治方案难以突破法家秦政的构架，其于当今政治建设的参考价值恐怕不在于提供理想化的方案。

进而言之，讨论宋朝历史地位实有多种标准，如变法需要及亡国之忧投射下的“积贫积弱说”，进化论视野下的“宋代近世说”“唐宋变革说”，近代学人讨论国情时普遍注意的传统中国宋代渊源论，以及汉文化本位的“崖山之后无中国论”，等等，不一而足。如果从陈寅恪的立场转移开去，仅讨论宋朝的历史地位或特殊性，个人以为：第一，就政治体制而言，宋朝是秦清之际中国王朝循环的一环，并无特殊性可言；第二，就历史分期而言，秦朝以来，先有秦汉帝国衰亡于南朝，再有隋唐帝国源于北朝而亡于宋朝，同时宋朝置身于辽、夏、金、元多民族的政权竞争之中，元、明、清多民族一体政权实开启于宋朝衰亡的过程之中，个人认为这是宋朝相较于其他王朝最具特色的地方。第三，就内部统治而言，宋朝开启的科举与理学结合的趋势，实为传统中国社会结构日臻成熟的源头，至少国人以学校、考试为社会流动之正途实拜宋文化所赐，唯其优劣尚待研判。

四、余论

值得注意的是，有论者以为陈寅恪新宋学理念又有钱穆、余英时两位传承者（侯宏堂）。其实三者的政治文化立场各异。钱穆与陈寅恪固然均属文化保守主义阵营，但陈寅恪学贯中西，而钱穆以夫子自道，陈寅恪标榜“华夏文化造极于天水一朝”，钱穆虽然盛赞范仲淹为代表的士大夫自觉精神，其实以宋朝为衰世，并且是宋朝“积贫积弱说”的近代发明者。至于余英时虽然在《朱熹的历史世界》中极力抬高宋代士大夫的政治主体地位，但他极力推卸“新儒家”的称号并非谦辞，而是自知实乃胡适信徒。换言之，余氏的宋代士大夫政治文化论述中未必包含民族文化本位之立场，陈寅恪也未必会领受余氏对他的推崇。

宋朝宫廷政治概述

宫廷政治涉及两种基本的政治制度，一是君主继承制度，二是皇帝制度。中国自西周就确立了嫡长子继承制度，由此又衍生出影响深远的宗法制度，这在世界文明史上是独具特色的。嫡长子继承制度理论上排除了兄终弟及、兄弟争嫡的必要性，但由于君主绝嗣或者骨肉相残等原因，实际政治运作并不能避免君位争夺战的爆发。

皇帝制度由秦始皇创立，其核心是君主专制、中央集权的皇权制度，皇帝拥有至高无上的政治地位与无远弗届的政治权力。但皇帝需要有极强的能力，才能保证制度赋予他的绝对权力得以顺利实施。事实上，这样的皇帝在守成之君中并不常见。一旦皇帝能力不足，就必须有辅助人员来填补皇权的空缺，这些人一般包括后妃、外戚、宦官与朝臣，他们是宫廷政治的重要参与者。

宫廷斗争贯穿于整部中国君主政治史，但在历史叙述中，宋朝的宫廷政治显得比较特别。无论是统一时期的秦汉、隋唐、明清，分裂时期的三国、十六国、南北朝、十国，抑或北方游牧民族建立的匈奴、北魏、辽金元等政权，无不经历了无休止的、残酷的宫廷斗争。很多宫廷政治的故事，包括吕后称制、巫蛊之祸、隋炀帝夺嫡、玄武门之变、武则天称帝、马嵬坡之变、靖难之变、雍正夺嫡等，不但为读史者所熟悉，甚至通过通俗文艺使得妇孺皆知。相比之下，宋朝好像是历代宫廷政治中的一股清流，宋代士大夫也不无自豪地宣称：

> 宋三百余年，外无汉王氏之患，内无唐武、韦之祸，岂不卓然而可尚哉。[1]

---

① 《宋史》卷二四二《后妃传上》，中华书局，1985，第8606页。

但这样的美谈主要是深受理学思想影响的士大夫的一种期许，并不代表宋朝没有经历激烈而残酷的宫廷斗争。因为士大夫对宋朝政治有一种理想主义的期许，史家自觉或不自觉地掩饰宋朝宫廷政治的本来面目，刻意制造出宋朝皇位继承中特别和谐谦让的假象，比如说太祖、太宗兄终弟及是赵匡胤有尧舜禅让之德，等等。

宋朝的宫廷政治错综复杂，围绕皇位继承展开的权力斗争异常激烈、深不可测，皇子、后妃、宦官、外戚、宗室、权臣等各方参与者无一缺席。但由于历史记载的隐讳与掩盖，目前只能通过史料的深度发掘与史实的逻辑推演，尽可能梳理出宋朝宫廷政治的基本脉络。

太祖、太宗兄终弟及显然涉及残酷的政治斗争，其真实面貌直至近年才得以揭示清楚。太宗立储过程中，长子元佐与次子元僖的斗争为人熟知，但真宗的夺嫡行动恐怕已经永远湮没，四子元份也卷入纷争却为人忽视。仁宗以真宗唯一子嗣继位，从此宋朝宫廷政治由储子夺嫡演变为后妃生育问题，并开启了皇太后垂帘听政的时代。

真宗去世之后，真宗刘皇后、仁宗曹皇后、英宗高皇后、神宗向皇后、哲宗孟皇后在不同历史情境中以皇太后或太皇太后的身份垂帘听政。这时期的宫廷政治也主要体现为皇后干预立储：刘皇后冒认仁宗，曹皇后废立英宗，高皇后排挤哲宗定策功臣，向皇后谋立徽宗，孟皇后支持高宗。帝后冲突是皇太后时代宫廷政治的主要特点，除比较特殊的孟太后，其他如刘太后与仁宗、曹太后与英宗、高太后与哲宗、向太后与徽宗都存在严重政治矛盾，而且这是北宋仁宗以来持续而激烈的党争的重要根源。

宋朝宫廷政治的太上皇时代包括徽宗—钦宗、高宗—孝宗、孝宗—光宗、光宗—宁宗四个时期。这几个阶段几乎与宋金战争同时，太上皇现象也与对外战争紧密联系，至少徽宗退位很大程度上是推卸对外作战的责任，高宗与孝宗其实存在主和与主战的冲突。至于光宗、宁宗朝的太上皇现象，很大程度上是高宗吴皇后干预政治的结果。高宗吴皇后与宁宗杨皇后虽然几乎没有垂帘听政，但通过后宫形成巨大而持续的政治权势，构成南宋政治史的重要一极。

无论是皇太后垂帘听政还是太上皇现象，都对皇帝权力造成严重侵蚀，也可以理解为皇权持续衰落的过程。太上皇时代末期，权臣现象随着最后一位太上皇光宗的衰落而出现，并先后出现了韩侂胄、史弥远与贾似道三位权相。权相最初难以独立专政，韩侂胄必须依赖高宗吴皇后与宁宗韩皇后，史弥远与宁宗杨皇后始终联合专政，贾似道也有胞姊，即理宗贾贵妃的奥援。

通过宫廷政治的视角，不但可以将宋朝政治史划分为皇帝、皇太后、太上皇与权相四个时期，还能从宫廷斗争的视角进一步理解宋朝政治的派系问题。太祖、太宗的派系问题直到南宋高宗传位时才显现出来。太宗朝的夺嫡之争中，赵廷美、赵元佐、赵元僖作为失败者出局，皇三子赵元侃成为宋真宗，皇四子赵元份的去世与太宗传位问题不无关系。结果真宗传仁宗而绝嗣，宋朝皇帝世系又回到太子四子赵元份这支，由赵元份的孙子赵宗实继位并传三代四帝而北宋灭亡。所以太宗四个儿子与皇位的复杂关系，奠定了北宋宫廷政治的基本格局。此外，真宗晚年，后党与太子党的斗争是北宋党争的重要源头。仁宗亲政之后，曹皇后、高皇后、向皇后、孟皇后在后宫构建了一脉相承的政治势力，他们是英宗、神宗、哲宗、徽宗四朝反变法的政治后台。总之，宫廷政治某种程度是北宋政治斗争的总根源，将政治纷争仅仅理解为士大夫政治理念的分歧可能失之简单。

至于南宋，虽然宋朝的皇位传承由孝宗回归到太祖世系，但孝宗与高宗不但存在主战与主和的立场冲突，而且在位时长期受制于德寿宫太上皇的势力。高宗去世后，孝宗很快也退位当太上皇，继位的光宗与宁宗虽是孝宗的子、孙，却为了巩固权势而主动靠拢高宗吴皇后。结果光宗在绍熙政变中被迫退位，而宁宗依靠太皇太后吴氏继统，大权最终旁落于吴太后的亲信韩侂胄，以及出自吴太后慈福宫的杨皇后及史弥远。因此重新继统的太祖后裔孝宗、光宗、宁宗很大程度上无法掌控宋朝的政权。宁宗之后的理宗依赖史弥远（可能也包括杨皇后）的政治阴谋而继位，因此某种意义而言，讲南宋宫廷只有两大派系：（1）高宗与吴皇后系；（2）杨皇后与史弥远系。

由此总览三百年宋朝宫廷政治，在宋太祖、钦宗之外其实有五大派系：（1）太宗、真宗、刘皇后、仁宗系，政治上追求“无为”“太平”；（2）英宗、神宗、哲宗、徽宗，政治上否定仁宗，追求变法“大有为”；（3）仁宗曹皇后、英宗高皇后、神宗向皇后、哲宗孟皇后，这个后宫政治派系是真宗晚年以寇准为首的太子党的延续，政治上激烈反对变法路线，开创了庆历、元祐的特殊政治传统，并在南宋通过哲宗孟皇后确立庆历、元祐政治的正统性；（4）高宗、吴皇后以及受其支配的孝宗、光宗、宁宗，这个统治集团基本维系着宋金和议的局面；（5）杨皇后、史弥远、理宗、度宗、贾似道，孝宗一系三代而绝嗣，理宗开创了南宋皇帝的第二个世系，但最后的权臣贾似道嫉恨之前形成的史弥远集团，这个问题又与南宋亡于蒙元密切相关。

特别值得注意的是，南宋宫廷政治虽然有着激烈冲突，由孟皇后提供合法性的高宗，以及由史弥远扶立的理宗，都追认北宋后党主导的庆历、元祐政治传统，从而决定了宋朝政治史叙述以庆历、元祐为正统的总基调。这也意味着任何不符合庆历、元祐传统的政治行动在历史书写中都有可能遭到歪曲。

王安石理财说献疑[①]

一、理财与人才

邓广铭先生《北宋政治改革家王安石》中有一段饶有趣味的论述：

> 还应在这里作为特别重要的事项加以提出的，是王安石在《言事书》中所表述的有关“理财”的原则性主张。从表面的形式上看，这个原则性主张在《言事书》中并没有占据重要地位，它只是在论述政治人才的“养之之道”中主张

① 原题《〈言事书〉之谜：王安石更重视理财还是人才》，原载澎湃新闻网·私家历史“千家王安石”专题，2021年11月25日。

> “饶之以财”的项目下才被提出的。然而，就这一原则性主张的实质及其在后来王安石制定和推行新法时所起的作用来看，其意义及其重要性却是绝对不能低估的。①

这段论述的特别之处在于，在坚持“理财”是王安石变法核心的同时，邓先生以史学家特有的直白指出，“理财”在王安石《言事书》论述中处于非常边缘的地位。

这里的《言事书》就是十分著名的《上仁宗皇帝言事书》，篇幅长达万余字，故又称《上仁宗皇帝万言书》。王安石万余言要讨论的并非理财问题，邓先生在这段论述之前已经精辟地总结了《言事书》的核心观点：从“四个方面培养造就能够胜任的政治、军事、财政、经济等方面的人才，用以改造整个官僚体制，使其能适应变法革新的北宋王朝现实局势的要求”。

如此，邓先生在揭示出《言事书》本来面目的同

---

① 邓广铭：《北宋政治改革家王安石》，人民出版社，1997，第35页。

时，也给我们留下了一个谜题：为什么在《言事书》中聚焦“人才”问题的王安石，会在日后发动一场以“理财”为核心的变法运动呢？难道《言事书》与王安石变法并没有直接的关系？讨论这个问题，《宋史·王安石传》对《言事书》的叙述又提供了一个有趣的线索：

安石议论高奇，能以辨博济其说，果于自用，慨然有矫世变俗之志。于是上万言书，以为：“今天下之财力日以困穷，风俗日以衰坏，患在不知法度，不法先王之政故也。法先王之政者，法其意而已。法其意，则吾所改易更革，不至乎倾骇天下之耳目，嚣天下之口，而固已合先王之政矣。因天下之力以生天下之财，收天下之财以供天下之费，自古治世，未尝以财不足为公患也，患在治财无其道尔。在位之人才既不足，而闾巷草野之间亦少可用之才，社稷之托，封疆之守，陛下其能久以天幸为常，而无一旦之忧乎？愿监苟且因循之弊，明诏大臣，为之以渐，期合于当世之变。臣之所称，流俗之所不讲，而议者以为迂阔而熟烂者也。”后安石当国，其所注措，大抵皆祖此书。[①]

《宋史·王安石传》是把王安石《言事书》中毫不重要的有关“理财”的论述特别裁剪出来，并且断言这就是《言事书》的核心观点以及王安石变法的指导思想，“后安石当国，其所注措，大抵皆祖此书”。对照邓先生的论述，《宋史·王安石传》对《言事书》明显有断章取义之嫌，这就使得问题变得又复杂了一些：如果“理财”是王安石变法的核心，为何在《言事书》中处于边缘地位？如果“后安石当国，其所注措，大抵皆祖此书”，为什么王安石变法的核心是“理财”，而不是《言事书》通篇论述的“人才”问题？

二、宋神宗与王安石

换一个角度还能进一步推进这个问题的讨论。事

① 《宋史》卷三二七《王安石传》，第10541—10542页。

实上王安石在熙宁年间有两次罢相，并且在第二次罢相之后再也没有回到朝廷。但王安石罢归之后，变法在宋神宗元丰年间及哲宗亲政、徽宗时期继续推行并且不断发展。就这个基本事实而言，王安石在北宋中晚期变法运动中的核心地位其实相当可疑，所以有学者（吴泰）指出：

> 宋神宗是变法运动的实际发动者和领导者，其所以王安石被视为变法的主角，而宋神宗在变法中的主宰作用却被抹煞，大概同南宋以后，熙宁变法被视为北宋灭亡之原因，人们为当朝皇帝的先祖讳，却把王安石作为主要诅咒对象这一点有一定的关系。①

无论这个观点是否言过其实，至少20世纪晚期以来，宋神宗在变法运动中的核心地位已经获得学界的共识。事实上“王安石变法”这个后来约定俗成的历

---

① 参见李华瑞《王安石变法研究史》，人民出版社，2004，第472页。

史专用名词出自明代的《宋史纪事本末》，用“熙丰变法”取代“王安石变法”的表述已被宋史学界广泛接受。学界没有充分讨论的是，既然“熙丰变法”可以取代“王安石变法”，变法的指导方针岂不是不必从王安石的思想中去寻找？似乎由于20世纪以来对王安石及变法的评价有了根本性的转变，所以即使承认宋神宗在变法中的核心地位，学界也无意再将王安石思想与变法目标有所区别地加以讨论？

如果承认王安石的思想与宋神宗主导的熙丰变法其实存在着某种错位与区隔，那么又该如何更加合适地重新理解这段历史呢？有没有可能“理财”只是宋神宗熙丰变法的核心理念，而不是王安石的改革理想？南宋朝廷为了将亡国责任从君主身上推卸掉，才把“理财”提炼成王安石《言事书》的中心思想？当然，熙宁时期王安石推行财政方面的变法肯定不是违心之举，但理财是宋神宗而非王安石优先关注的目标也有可能是历史事实。可以进一步遐想的还有，在坚持变法的北宋晚期，哲、徽两朝的本朝史叙述中，真的会把熙丰变法叙述成宋神宗在王安石指导下开展的政治运动吗？难道不应该是在宋神宗的“英明决策”下，王安石积极配合、有效推进才比较合理？

三、学校改革之谜

如果宋神宗追求的是理财，王安石的理想是造就合格的官僚人才，那么王安石在变法运动中的正常行动，应该是在积极配合宋神宗理财计划的同时，按照他自己的理想推动贡举学校的改革。毫无疑问，王安石在贡举学校改革方面投入了大量的精力，从根本上改造了宋朝的科举制度，包括贡举科目的扩张，进士科考试内容的变革，制订儒家经典解释的标准，即《三经新义》的编撰等各个方面。

近代以来，科举改革已经成为王安石研究的固有内容之一，传统史书在这方面也保留了大量的史料。但令人非常困惑的是，传统史书对王安石本人的叙述中，几乎没有出现科举改革的相关内容。事实上，理学家朱熹对王安石的科举改革有相当正面的评价，这就更突显出否定性王安石叙述中遗漏科举改革的刻意性。比如在对其全面否定的《宋史·王安石传》中，科举改革的内容仅剩下王安石以《三经新义》控制士人思想的一段补充叙述：

> 初，安石训释《诗》《书》《周礼》，既成，颁之学官，天下号曰“新义”。晚居金陵，又作《字说》，多穿凿傅会。其流入于佛、老。一时学者，无敢不传习，主司纯用以取士，士莫得自名一说，先儒传注，一切废不用。[①]

而明代《宋史纪事本末》卷三七《王安石变法》全篇几乎无一字涉及科举改革、《三经新义》。换言之，可能代表王安石真正改革理想的人才政策，在传统的历史叙述中不只是有意削弱了，而几乎是完全抹煞了！

这种现象自近代以来发生了根本性的变化，特别是为王安石彻底翻案的梁启超《王安石传》就辟专章讨论“教育及选举”（第十二章《荆公之政术

---

① 《宋史》卷三二七《王安石传》，第10550页。

四》）。但即便如此，相关的讨论似乎也局限于科举制度的合理性与人才的培育，有关王安石太学改革（三舍法）及其对社会结构演变影响的讨论还未得到充分的重视，更没有把人才问题推到王安石变法中个人首要目标的高度。

宋代社会史研究中有一个令人印象深刻的现象，即南方地方士人社会的兴起与王安石开创的太学三舍法有着密切的关系。三舍法是以学校取代科举选拔官员的制度，王安石在太学设立外舍、内舍、上舍三级学制，招生名额向全国开放，升学至上舍并考核合格后直接授予官职。在王安石创制三舍法以前，科举士人一般都流出地方社会而难以在地方社会沉淀下来。而通过太学三舍法，一批地方士人在获得仕宦资格之前就得到了京城学习与交际的重要经历。这其中相当一部分士人最终没有机会出仕，他们回流到地方社会后，太学经历成为他们在地方社会重要的文化资源。在历史叙述中，很多从太学三舍法获益的地方士人自述在学术上倾向于程颐洛学，但如果没有王安石的太学三舍法，他们很难有机会了解京城的学术动态。所以在变法时代，他们理应对王安石心存感激，倾向洛学更有可能是理学兴起后的追述。

太学三舍法是地方士人阶层及家族兴起的重要契机，促进了地方士人社会的形成。但一般认为，王安石的科举改革倾向于国家力量的扩张，那么太学三舍法与地方士人社会兴起的关系究竟应该如何理解？是王安石贡举改革的本有之意还是意外效果？地方士人社会的兴起是王安石贡举改革的产物还是程颐理学影响的结果，抑或只是不受制度或文化因素制约的历史大趋势？对我而言这是理解王安石的另一个谜题。

王安石无疑是宋代涌现出的最重要的历史人物之一，非常值得隆重纪念，他的精神遗产与政治遗产的合理部分也仍值得发掘与传承。但所有这些活动，都需要建立在对王安石本人及其经历的那段历史准确认识的基础之上。宋史叙述经历了反复的遮蔽，如何揭开层层的遮蔽，仍是摆在当前宋史学界的重要课题。

宋朝士大夫政治祛魅[①]

近代以来，史家各流派之宋史叙述大相径庭。本文试举数例并略述其“理想类型”，由此虑及新时期宋史叙述可能之途径，不揣谫陋，稍抒臆见，以供哂正。

一、宋史叙述的发展史

史学随时代而变迁，这既是常识，又是学术工作的应有之意。邓广铭先生是20世纪最有代表性的宋史学者，其学术重心的人物研究，围绕抗金志士与变法派政治家而展开，与国族危亡、政治更始的时代

① 原题《超越现代化焦虑与理学叙述之去蔽——宋史叙述的发展与展望》，原载包伟民、刘后滨主编《唐宋历史评论》第8辑，社会科学文献出版社，2021。

背景密切相关。马克思主义指导下宋史的教科书叙述体系也并非僵化机械、一成不变，既有前后三十年叙述重心由阶级斗争到生产力发展的调整，又有民族主义与民族融合观念的内在冲突，阶级学说的叙述重点也一直处于流变之中。不过后三十年学界以国际化为时髦，美、日新旧学说再次大行其道，加上国内学术重镇推波助澜，抗金、变法、党争虽然也仍是重要议题，终不及唐宋变革、士大夫政治、精英地方化之类学说令人炫目。这种局面其实是西方冲击下的现代化观念，以及学者本身的士大夫精英意识的回潮，比较而言，又远不及近代以来某些中国学者的学说具有原创性。

晚至20世纪初，因西学东渐，中国史学为之大变，传统儒家资治史学式微。新史学以不同姿态因应西方文明，国史叙述因之流派纷呈。1910年日本学者内藤湖南发端之唐宋变革说虽然影响甚巨，钱穆、张荫麟、刘子健等中国学者之宋史叙述也各成体系，观点鲜明。如不能以此为渊源或参照，回顾当前宋史叙述中的现代化预设与士大夫意识，恐怕失之于皮相。

（一）传统史学常被视为帝王家谱及官僚阶层之功德簿，又以统治经验或道德说教为专职功能。然而据此形成之宋史叙述，亦不乏鲜明史识者。如陈邦瞻以明朝官僚之立场，在《宋史纪事本末叙》探讨宋明政治之关联，进而总结中国历史之三期，“宇宙风气，其变之大者有三，鸿荒一变而为唐、虞，以至于周，七国为极；再变而为汉，以至于唐，五季为极；宋其三变，而吾未睹其极也”。他总结宋政特点在于“格律”“规矩”，几近于近年流行的“制度至上”说，然而文令过于严密，其实利弊相陈，明朝既受宋政之惠，又承其弊端，并以为“世变未及，则治不得不相为因”，其见识可谓精明而务实。[①]

对照而言，清初王夫之《宋论》之立场更显高明深刻。《宋史纪事本末》之史评多置于文末，采归纳形式。《宋论》之立论多于开篇发端，形成演绎式的推论，如其诉王安石为小人，并不纠缠于个人之行为、动机或品性，而以抽象之“道”论之，称“君子

---

① 陈邦瞻：《宋史纪事本末》附录一，中华书局，2015，第1191—1192页。

之道，有必不为，无必为；小人之道，有必为，无必不为”，罗列王安石所犯“君子有其必不可为者”之罪状凡八：

> 以去就要君也，起大狱以报睚眦之怨也，辱老成而奖游士也，喜谄谀而委腹心也，置逻卒以察诽谤也，毁先圣之遗书而崇佛、老也，怨及同产兄弟而授人之排之也，子死魄丧而舍宅为寺以丐福于浮屠也。

因此斥王安石“之允为小人，无可辞也”。[①]王夫之《宋论》之论点精彩纷呈，更是以道德性命之学说解释政治之典型。

（二）内藤湖南的《概括的唐宋时代观》发表于1910年。[②]此后宫崎市定在《东洋的近世》一文中清

① 王夫之：《宋论》卷六，中华书局，1964，第116—117页。

② 内藤湖南：《概括的唐宋时代观》，刘俊文主编《日本学者研究中国史论著选译：通论》第一卷，黄约瑟译，中华书局，1992，第10—18页。

楚交代了唐宋变革说是将欧洲特殊的历史经验普遍化后应用于东洋（中国）史的结果：

> 既然我们的态度是将特殊的事物尝试应用在一般事物上，则所谓特殊事物实际上便不再特殊，我们只将它当作一个一般性样本来处理。这样，古代、中世、近世各自所有的意义，必须从欧洲史以外的立场重新检讨，并且在不得已之时作出若干的修正。①

这样的史观必然以欧洲中心论、历史目的论为前提。唐宋变革说的核心理念，是认为宋代以来中国的政治、经济、文化均出现了类似近代西方文明的各种迹象，其与资本主义萌芽学说的区别，主要是中国近世化进程未能最终完成的原因在于中国本身的历史机遇或者文明特性，而不是帝国主义入侵破坏的结果。因此从本质上说，日本学者的唐宋变革说是否定

---

① 宫崎市定：《东洋的近世》，刘俊文主编《日本学者研究中国史论著选译：通论》第一卷，黄约瑟译，第153页。

中国自主的现代化进程的。与此不同，西方学者如法国汉学家白乐日（Etienne Balazs）、谢和耐（Jacques Gernet）则提出了更加夸张的所谓宋代经济革命说，他们的学术旨趣主要是打破中国停滞论、中国无历史等西方早期的偏见。[①]

此后，美国学者郝若贝（Robert M. Hartwell）的名篇《750—1550年中国的人口、政治与社会转变》引导唐宋变革说发生了明显的转向，影响十分深远。[②]该文将注意的重点由政治、经济形态转向社会、文化形态，比较符合早期现代化或现代化内在动力之类理论，一方面引领了此后美国宋史学界盛行的“精英地方化”学说，另一方面促使中国学者重新发现宋代士大夫政治的现代意义。

近年以来，国家与社会关系的研究视角，以及地

---

① 参见李华瑞《20世纪中日“唐宋变革”观研究述评》，《史学理论研究》2003年第4期。

② Robert M. Hartwell,Demographic,Political,and Social Transformations of China,750-1550, *Harvard Journal of Asiatic Studies*,Vol.42,No.2.(Dec.,1982),pp.365-442.林岩译文见《新宋学》第三辑。

域社会的议题，在中国传统社会（宋—清）的研究中经久不衰。个人认为这种研究视角与议题从属于唐宋变革说或者早期现代化理论，宋史研究中又明显受到美国精英地方论学说的影响。国家与社会关系、地域与中央关系错综复杂，不能简单地以限制国家权力的视角来理解。如果将社会组织的活力与地域社会秩序的构建能力作为研究的指归，那么呈现历史中民间组织的社会功能、地域社会的结构秩序本身，也比仅仅揭示民间组织与地域社会中的国家影响更为重要，或许也有超越现代化范式的机会。

中国学者反复引用严复、陈寅恪、邓广铭等人的言论营造宋代文化登峰造极说，士大夫政治重新成为宋史研究的核心议题，也在上述国际学术背景下展开，其中影响最为深远的论著，除邓小南的《祖宗之法》，当数余英时的《朱熹的历史世界》。由此观照，国内宋史界的唐宋变革说与士大夫政治说就显得相当暧昧。这种暧昧既有要求破除欧洲中心论与认同现代化之间的观念冲突，也有面对西方学界时，史实梳理方面的自信与范式构建方面的畏懦造成的心理失衡。不过个人以为造成暧昧心态的更主要原因，是对精英现代化的强烈预期与现实之间的落差。

（三）除了唐宋变革、宋代经济革命、精英地方化这些西方学者构建的宋史叙述范式，面对西方现代化的冲击，由中国学者提出的宋史叙述，无论是否新颖炫目，至少更能体验中国内在的困境，更值得宋史研究者体味。试举钱穆、刘子健、张荫麟三例。钱穆《国史大纲》之宋史叙述，诸多内容与唐宋变革说相似，但史观大相径庭。比如描述唐宋之际社会组织之转型，几乎与地方士绅说同调：

> 世族门第消灭，社会间日趋平等，而散漫无组织。社会一切公共事业，均须有主持领导之人。若读书人不管社会事，专务应科举、做官、谋身家富贵，则政治社会事业，势必日趋腐败。其所以犹能支撑造成小康之局者，正惟赖此辈讲学之人来做一个中坚。[①]

---

① 钱穆：《国史大纲》，商务印书馆，1994，第812页。

然而，钱穆刻意区分了读书人（儒士）与科举官僚的界线，突显出儒家文明论与唐宋变革说的区别。在唐宋变革说中，科举制度因为导致官僚阶层平民化以及地方社会组织化而显示出近世的特征；而在钱穆的宋史叙述中，科举制度利诱士人，腐蚀儒家理想，而且宋朝承晚唐五代之弊政，积贫积弱已至极端，范仲淹、王安石为代表的道德之士奋起救世，其历史动力并非社会经济的近世化，“到了宋代，经过王安石的新法，人民拥有土地所有权的意义更加确实”，[①]而是秦以来一以贯之的儒学精神在宋代重新勃兴之结果，秦汉以来：

> 学术不仅从“宗教”势力下脱离，并复于“政治”势力下独立。自此以往，学术地位，常超然于政治势力之外，而享有其自由，亦复常尽其指导政治之责任……孔子成《春秋》，前耶稣

① 内藤湖南：《概括的唐宋时代观》，刘俊文主编《日本学者研究中国史论著选译：通论》第一卷，黄约瑟译，第14页。

降生四百八十年……其时中国政治社会，正向一合理的方向进行……隋唐统一政府复建，其精神渊源，明为孔子、董仲舒一脉相传之文治思想。[①]

而：

宋朝的时代，在太平景况下，一天一天的严重，而一种自觉的精神，亦终于在士大夫社会中渐渐萌茁。所谓“自觉精神”者，正是那辈读书人渐渐自己从内心深入涌现出一种感觉，觉到他们应该起来担负着天下的重任（并不是望进士及第和做官）。[②]

钱穆将儒家的政治理想视为历史发展之主体，王朝之更替与社会形态之转型不过是儒家政治理想得以实践的现实条件，因此他的宋史叙述是以世道的极端弊坏与儒士的奋力拯世为主要情节。在这个体系中，

---

① 钱穆：《国史大纲》，引论，第17—18页。

② 钱穆：《国史大纲》，第558页。

钱穆首次提出了整个宋朝“积贫积弱”的观点，以及士人自觉精神的永恒价值，“范仲淹、王安石革新政治的抱负，相继失败了，他们做人为学的精神与意气，则依然为后人所师法，直到最近期的中国”。[①]

表面上看，余英时《朱熹的历史世界》继承了钱穆的士大夫政治、儒生与科举官僚的分野等学说，但其实两者区别极大。前者属于精英现代化论，后者属于儒学文化论。其中的关键在于对儒学的解释，前者专注于限制皇权（以余英时发明的朱熹“无极”说最具代表），后者则否认传统中国皇权专制说，也否定宋代的制度建设，明言王安石变法“最大的弊病，还在仅看重死的法制，而忽视了活的人事”，[②]强调儒学的政治理想与政治承担。钱穆当然不是现代化论者，而是鲜明的文化保守主义者，在民族危亡背景下疾呼对国史之温情，即便这种姿态本身也是现代化或西方冲击的一种反应。今天反思士大夫政治为要素之一的精英现代化范式，关键不在于事实层面上儒学是

① 钱穆：《国史大纲》，第580页。
② 钱穆：《国史大纲》，第579页。

否具备限制皇权的取向（这个问题当然可以讨论），更无必要回归到钱穆的儒家文化立场上，而应该关注两种立场都是现代化参照下对儒家文化与士大夫政治的重新解释。

（四）如果说唐宋变革论是将西欧历史普遍化的产物，那么钱穆与刘子健的宋史叙述都可视为中国文明特殊论的演绎。他们的区别在于，钱穆视儒家的政治理想为历史发展的主体，具有绝对的精神价值，独立于现实政治的演化而永存；而刘子健《中国转向内在》对中国文化的理解大概与韦伯近似，他针对唐宋变革论提出中国特有的文化观念阻碍了宋代以来中国近世化的进程：

> 将宋代中国视为"近代初期"的东西方史家是在比较史学或者说全球历史的关照之下，将欧洲历史当作了度量衡。因此，对于宋代，他们同样强调经济因素。但是，无论这些因素本身是多么重要，却不一定能构成前近代中国文化的重心。在宋代中国占据中心地位的，应当是与文化

学术潮流密切相关的政治，而它们并非经济利益的全部或直接反映。

或者也可以说，他对官僚士大夫文化的理解，传承了陶希圣《中国社会之史的分析》中的观点：

> 宋代中国有着专制的头脑、官僚的躯干和平民的四肢。总体而言，官僚统治阶级为经济发展制定规则并从中受益。它不允许商人或商人利益在决策中发出强音。的确，一些商人子弟可以通过科举考试带来的纵向社会流动加入统治阶级，但是，他们从此也便被士大夫圈的文化所同化，不再代表其家族的经济背景。[①]

对儒学、士大夫、宋代政治文化的这种态度成为中国社会的主流观念，精英现代化理论也是从这种意义上显现其“创新”意义。但如前所述，在这种现代

---

① 刘子健：《中国转向内在——两宋之际的文化转向》，赵冬梅译，江苏人民出版社，2002，序言，第2页。

化冲击下，近代中国更常见的宋史观念同样需要通过重新定位“现代化”本身而得以反思。

（五）最早从事宋朝断代史研究的张荫麟，其通史名著《中国史纲》除东汉以前部分以外，尚有宋史三篇。[①]与前述中西历史对照下形成的宋史体系不同，张荫麟的通史著述，内容以“社会的变迁、思想的贡献，和若干重大人物的性格，兼顾并详”，选题又以“新异性的标准，实效的标准，文化价值的标准，训诲功用的标准，现状渊源的标准”。[②]张荫麟曾经留学深造于哲学、社会学诸学科，他的通史编裁方式并非兴之所至、文思泉涌的结果，而是史学方法论自觉的选择。《中国史纲》的编裁体例，意味着张荫麟所关注者并非近代以来一般知识分子焦虑的西方文明冲击下的国族命运，而是人类生活的社会环境、个人的文化创造力以及人格力量，由此形成的史学叙

① 包括《宋朝的开国和开国规模》《北宋的外患与变法》《北宋四子之生活与思想》三篇，见《张荫麟全集》，清华大学出版社，2013。

② 张荫麟：《中国史纲》，上海古籍出版社，1999，1940年自序第3—7页、1941年初版自序。

述不再是中西文明之间的对话，而是对人与历史关系的直接讨论。因此《北宋的外患与变法》一篇在叙述熙宁变法之后，并没有特别的评论，只是以王安石的《读史》诗，感佩王安石的人格与命运：

> 自古英雄亦苦辛！行藏端欲付何人？
> 当时黯黮犹承误，末学纷纭更乱真。
> 糟粕所存非粹美，丹青难写是精神。
> 区区不尽高贤意，独守千秋纸上尘。①

而《北宋四子之生活与思想》开篇又以散文诗的笔调赞叹：

> 像千邱万壑间忽有崛起的高峰，像蓬蒿萧艾间忽有惊眼的异卉，在思想史里每每经长久的沉闷、因袭和琐碎后，继以一生气蓬勃、光彩焕发的短短时期，在其间陶铸出种种新学说，支配

① 张荫麟：《北宋的外患与变法》，《张荫麟全集》，第1881页。

此后几百年以至过千年的思想界。[①]

以此歌颂宋儒的思想创造力量。除了呈现一部文辞优美、史识高明的通史论著之外，《中国史纲》轻松摆脱了中西文明（或传统—现代）两元论的魔咒，也成功超越了历史目的论的局限，为在历史研究与叙述中自由地探索今人与历史之关系提供了经验与典范。

二、宋史研究的展望

参照钱穆、刘子健、张荫麟的宋史叙述，应该意识到唐宋变革、士大夫政治等当前流行的宋史主流叙述只是现代化观念反映在宋史研究中的特殊模式，反映了特定时期特定研究群体的研究取向，并没有普遍性。社会存在决定社会意识，史无定法，精英现代化范式当然有其内在的合理性并可以进一步精致化。在中国社会仍以现代化作为整体政治目标的背景下，消

① 张荫麟：《北宋四子之生活与思想》，《张荫麟全集》，第1918页。

除现代化观念在史学研究中的影响并不现实。但如果这种范式导致研究思维日益狭隘，同时现代化理论早已遭遇挑战、现代化的现实局限性也日益显现，却不能刺激范式的反思与突破，无疑也是学术动力衰竭的表现。

那么宋史研究或叙述可能从哪些方面得以突破呢？以下是几点个人的感受：

（一）宋代政治史的理学去蔽问题。当前宋代政治史研究有两个相互关联的特点，一是仍以治国、儒家政治理想或现代政治理想为预设，现代政治学的观念在宋代政治史研究中充分展开。现代政治学当然是一个庞杂的体系，但至少体现了不同政治群体共同、平等参与政治，并以权力与利益为政治活动归宿的政治理念，并以此为基础探讨不同的政治体制的构造与变迁，而不只是治国经验、政治理想的阐释或权力斗争的展示。二是对历史事实的揭示，尚局限于既有的官僚的或儒学（理学）的政治史叙述，只是注意到继统与党争造成的对政治事实的遮蔽，未能充分意识到士大夫政治本身对宋代政治形态的遮蔽。理学既是宋代以后中国的正统思想，也是传统宋史叙述的内在理念。理学能在传统中国获得如此重要之地位，当然是最大限度地适应了传统政治与社会秩序的需求，也无可避免地压抑了其他政治文化现象在历史叙述中的呈现。由此造成近代史学家的宋史叙述中，无论视理学为现代化之遗产或包袱，都不可避免地以理学把握宋代历史特征的倾向。这些现象都意味着理学相当程度地遮蔽了宋代历史的叙述，宋史研究面临着理学去蔽的任务。

传统中国任何一种政治文化都在寻求正统化的机会，将理学以外的宋朝政治文化现象发掘与描绘出来，并不是因为宋代已经实现了政治自由，而是还原多元主体参与的复杂政治格局。其中既有儒学内部非理学的政治文化流派（包括按地域学术传统形成的不同儒学政治文化形态），也有官僚士大夫及统治集团内部的非儒学（主要是道教）政治文化流派，以及士大夫阶层以外其他社会阶层或群体（包括武人集团、胥吏阶层、商人与市井阶层、地方土豪集团等等）的价值观念与政治诉求。虽然目前所见宋代历史文献绝大多数是士大夫阶层，特别是理学家的撰述，但是相信通过有目的的搜罗，仍然可以在理学家层累的历史文本中发现其他群体的价值理念、政治诉求，以及这背后的社会形态，即便有些内容粗鄙不堪，也值得重新呈现。

（二）现代化观念导致了一种特殊的线性时间观，但这不会成为现实生活全部的时间经验，人们总是试图寻求某种超越时间性（暂时性或阶段性）的永恒价值。虽然个人认为宋代社会文化登峰造极说不过是心理学上所谓的晕轮效应，但宋朝毕竟创造了灿烂的文化。宋文化遗产的永恒魅力其实无需历史研究的进一步论证，只是应该以更丰富的体验拓展宋代社会文化的现实意义。

（三）至于后现代视野下的宋史研究，如果所谓的后现代不只是对现代性秩序的质疑与抵制（破坏性的），而是指现代性秩序崩溃后社会秩序的全新重建，那么一方面目前最多只是感受到现代性的危机，超越现代性的社会新秩序的构建似乎还无从谈起；另一方面如前所述，即使后现代秩序的构建已经成为一个现实命题，在中国史乃至宋史领域中实现学术突破恐怕也是小概率事件。不过这并不意味着宋史研究者不应该具备这方面的意识与思考能力，毕竟在既有社会秩序崩溃之时，无论是否有效，向包括宋史在内的人类历史寻求经验却是大概率事件。何况后现代社会秩序也有可能意味着打破现代性时间观念，形成一个包括宋史在内的历史与当下共存的历史叙述形态。

宋元转型论解构①

我还是尽量围绕会议的主题来展开讨论。会议设计的主题，一是把握12至14世纪历史的演进脉络，二是反思线性历史观，讨论不同政权之间的互动。然后又设计了三个议题，我被安排在“士人群体与乡村社会”这个议题之下。我不是很清楚这几方面的议题之间具体的逻辑关系，当然事实上很可能没有明确的逻辑关系，只是大家关注的议题的几个侧面而已。把我安排在“士人群体与乡村社会”这个议题，或许是因为我的博士论文（《科举理学化：均田制崩溃以来的君民整合》）主要讨论这个问题，我也觉得那个书稿

① 原题《“转型论”还能谈出什么学问来》，原为中山大学2020年12月“断峰与横云：宋元明历史的沟通与对话”工作坊上的发言提纲。

的内容比较符合这次会议的议题，对相关的问题都有明确的回答。但那是我十多年前关注的议题。最近出版的《文本与书写：宋代的社会史——以温州、杭州等地方为例》虽然与《科举理学化》存在比较紧密的联系，但讨论的主题其实发生了根本性的变化。

其实《科举理学化》出版之后，我对相关议题的兴趣就大大降低了，以致相当长时间里没有找到适合自己的宋史研究的课题，我想这也是我转向研究龙泉司法档案的原因之一。兴趣之所以降低，一方面是因为自己对相关问题的认识成型之后，很难再有明显的突破；另一方面则是意识到这些议题背后的讨论范式，可能存在明显的局限，理应自觉地加以反思。《文本与书写》很大程度上是对这些反思的结果，所以有些读者认为这部书稿的讨论没有集中的主题，我想事实上不是没有集中的主题，而是试图用新的主题来打破旧的讨论范式。

我感觉这个会议的主题，还是在所谓的“宋元明转型”这个范式下展开的。而我个人的反思，主要不在于“宋元明”之间是如何转型、如何传承或如何演进的，而是说以“宋元明”这样的王朝为单位的所谓的“转型”，本身就是出于特殊目的而构建起来的议题。事实上只要我们还在讨论“转型”，就不可能摆脱“线性发展”的范式，结果可能是把“线性发展”的那条“线”，越描越复杂、越描越模糊。

任何“转型”，都是在“历史趋势”的观念下展开，而任何对“历史趋势”的归纳，又必须预设某种特定的价值观念为前提，否则“历史趋势”根本无从谈起。所以所谓“宋元明转型”讨论中的分歧，本质上不过是学者个人特定价值观念的细微差别而已，这就势必造成言人人殊的局面。比如说我的《科举理学化》，无非是以明清“士绅阶层”的形成作为历史趋势。但“士绅阶层”的形成是宋至清社会发展的总体趋势吗？为什么要把“士绅阶层”的形成从众多历史现象中提炼出来作为社会发展总体趋势的主要特征呢？宋代的科举、理学、士大夫政治，是为明清士绅阶层的形成准备的吗？受制于“宋元明转型”这样既定的讨论范式，这些更加根本性的问题就失去了反思的空间。事实上摆脱“宋元明转型”的范式，以上这些预设都有可能被解构。“士绅阶层”当然是明清社会的重要现象，但未必就是明清社会的主要特征，与汉唐社会也未必存在本质的差异，将宋代的科举、理学、士大夫政治理解为明清士大夫政治的预备期，难道不是删削了无数事实之后对历史净化的结果吗？

为了打破这种思维的定势，我在《文本与书写》中想了各种办法，试图呈现宋元基层社会的各种样貌。我想特别强调的就是，基层社会的各种样貌，既不能总结成某种特定的历史逻辑，也不能串连成一个连贯的历史演进脉络。不同的群体与个人，不同时代的群体与个人，只是在不同的情境下，活成了各自的样态。当然，不同的群体与个人所处的社会情境，相互之间存在着连续不断的无限多的社会关系，不同时代的群体与个人也总是在反复利用历史的遗存与记忆。但个人认为，这并不意味着社会由此成为一个特定的整体，历史由此成为一个不断演进的过程。而只是说，不同的群体与个人，只是以纵横两方面连续不断的社会关系作为自己存在的情境而已。同样理所当然的是，如果需要的话，试图将复杂不确定的历史删削成一个清晰连贯的整体，对于很多人（无论历史学者还是非历史学者）都是轻而易举的事情，只要抓取某个价值观念，历史总是可以串联起来的，这也是所谓的历史叙述的要义。

因此，直接回应会议的主题，我的结论就是，如何把握12至14世纪历史的演进脉络，这是学者个人的事情。不同政权之间的互动可以别开生面，但只是抓取了另一个价值观念的另一次历史串联，未必就比单一政权视野下的叙述更加真实清晰。至于士人群体与乡村社会，我想每一个乡村士人都发生了不同的故事。

曲洋兄（周曲洋）还让我讲讲通过明清文献还原宋代史料的问题，《文本与书写》中温州祠庙与苍坡李氏是这两方面的试验。我想补充的是，明清方志、族谱中的宋代史料值得系统整理。大家容易理解的我就不展开了，这里只提两点。第一，这方面的工作，单条史料的辑佚已经过时，所谓系统整理，除了整体性的文献整理之外，更重要的是发现明清文献保存宋代史料的总体规律。第二，与此相关的是，在关注史料的同时，要关注明清文献中的宋代书写。换言之，与保留了什么相比，删掉了什么可能是更加重要的问题。

宋朝的两张面孔[①]

一、古代的积贫积弱说

相当长时间以来，宋朝给人以积贫积弱的印象。

将宋朝描述成贫弱王朝的两种人，他们都怀抱着国家富强的强烈愿望。一种人是宋朝的改革派。宋朝的改革兴起于庆历新政，至熙宁年间的王安石变法达到高潮。改革总会遇到各种阻力，有的来自作为顽固派、保守派的既得利益集团，如庆历新政时期的夏竦集团；有的则来自不同改革路线的政敌，如王安石变法时期的司马光。为了论证改革势在必行，必须将宋朝的现实描述得非常不理想，将改革的目标与未变革

① 原题《宋朝国运真相》，《人民论坛》2013年第1期，发表时文字多有调整。

的现状对立起来。王安石变法的目的是富国强兵，积贫积弱也就成为改革派描述宋朝现状的一种模式。为了制造改革的舆论，王安石向神宗皇帝上了一道《本朝百年无事札子》，全面批评宋朝前期因循苟且的萎靡政局。特别是财政制度非常落后，皇帝虽然很节俭，但是百姓还是不富裕；皇帝虽然很勤政，但是国力还是不强盛，甚至说只是侥幸没有遇上严重的天灾人祸，才保宋朝百年平安，暗示宋朝的统治早已摇摇欲坠。在一片富国强兵的呼唤声中，宋朝日益被描述成为一个积贫积弱的王朝。

但是，王安石变法在南宋就遭到否定。宋朝以后成为意识形态的理学思想，由宋朝的程颐、朱熹等人开创，这些人无论在政治上，还是在学术思想上都站在了王安石的对立面。理学家不一定反对富国强兵，但认为只有通过端正道德人心才能实现富国强兵的梦想。所以理学家强调王安石心术不正，而不是宋朝如何的积贫积弱。

古代文人对于宋朝的一般印象，主要还是大兴文治，因为宋朝结束了五代的乱世，也结束了武人掌权的政治，通过大兴科举，将国家的治理全盘地托付给了文人，文人对此还是颇有点感激涕零的意思。然而面对北方的强敌，宋朝在军事上始终不占据优势地位，非但不能收复燕云，甚而亡于金、元，因此批评宋朝国势太弱者大有人在。比如南宋的叶适说："天下之弱势，历数古人之为国，无甚于本朝者。"清初的王夫之更是明指宋朝"弱而不贫"，他说仁宗皇帝，"过于弛而积弱也，实不在贫也"，神宗皇帝则犯了"以贫为虑，而不知患不在贫"的错误。

二、近代的积贫积弱说

近代中国也有史家将宋朝描述成积贫积弱。面对近代中国遭遇的劫难与屈辱，以及中国在西方列强面前所暴露出来的贫困孱弱，知识分子无不痛心疾首。特别是在日军侵华的背景下，有些历史学家将对国家的感情投射到历史上，宋朝就成了他们抒发抗战决心与悲愤心情的一种寄托。比如邓广铭先生在抗战时期的研究就专注于宋代的抗金英雄辛弃疾、韩世忠、岳飞、陈亮等。据李裕民先生考证，近代的宋朝积贫积弱论也是在日军侵华的背景下出现。1939年，国土日益沦丧，亡国论甚嚣尘上，钱穆先生为了坚定国人对民族的自信，撰写出版了《国史大纲》，其中第六编《两宋之部》第31章的标题即为“贫弱的新中央”，其下之细目则为“宋代对外之积弱不振”“宋室内部之积贫难疗”，对宋代的“积贫”与“积弱”做了相当详细的论述，其结论是“始终摆脱不掉贫弱的命运”。到1963年，翦伯赞在《中国史纲要》第3册中明确将“积贫积弱”作为一个词组来描述宋朝，说宋神宗将“王安石召入政府，用为参知政事，要倚靠他来变法立制，富国强兵，改变积贫积弱的现状”。《国史大纲》与《中国史纲要》都是很有权威的论著，影响极大，“积贫积弱”也因此成为国人对宋朝的一般印象。[①]

① 参见李裕民《宋代“积贫积弱”说商榷》，《陕西师范大学学报》2004年第3期，第76页。

三、宋朝先进论

近代以来，也有些学者为宋朝描绘了一种与积贫积弱完全不同的形象，宋朝甚至被誉为中国历史上最辉煌灿烂的时代。

比如陈寅恪说，“华夏民族之文化历数千载之演进，造极于天水一朝”，“宋文化是华夏民族文化的最高成就，宋文化是今后文化发展的指南，我国民族文化的更新，必将走上‘宋代学术之复兴’，或‘新宋学’之建立的道路”。

日本学者内藤湖南提出，宋代是一个新时代的开始，唐和宋在文化性质上有显著差异，唐代是中世的结束，而宋代是近世的开始。

宫崎市定则认为，“宋代是中国历史上最具魅力的时代。中国文明在开始时期比西亚落后得多，但是以后这种局面逐渐被扭转。到了宋代便超越西亚而居于世界最前列”。

英国科技史专家李约瑟夸奖宋代是中国“自然科

学的黄金时代”。

法国汉学家谢和耐感慨，“直至11和12世纪以前，中国并未显示出商业上的才干。但打那（宋代）以后，经商的能力便成为中国人最卓越的品质之一”，“在社会生活、艺术、娱乐、制度、工艺技术诸领域，中国（宋朝）无疑是当时最先进的国家，它具有一切理由把世界上的其他地方仅仅看作蛮夷之邦”。

改革开放以来，发展经济成为中国社会的主流意识，以上这些学者的观点被重新发掘。结果近些年流行的观念，宋朝不但不是“积贫积弱”，反而是一个经济发达、文化灿烂、科技进步、思想开放的时代，一些人还有意无意地将中国发展的希望寄托于宋朝的经验与传统。

四、宋朝的两张面孔

历史学家刻画了宋朝两张截然不同的面孔。无论是积贫积弱的宋代，还是灿烂辉煌的宋代，都是借宋朝的酒杯浇自己的块垒，与真实的宋朝可能相距甚远。若要比较准确地把握宋朝，可能需要依据更加基本的常识，并将宋朝放到全球及整部中国王朝史的视野中加以辨析。

宋朝是秦朝以来中国古代大王朝的其中之一。这些王朝在政治上是君主专制——君主专制并不是指皇帝对所有的行政事务独断专行，而是指最高政治权力归皇帝一人所有。皇帝一人通过官僚系统，统治疆域内的所有民众，民众将家庭的人口与财产情况登记在国家的簿册上，承担着向国家纳税与服役的义务，这些基础的统治模式贯穿于整部中国封建王朝史。

古代中国的政治与文化形态是始终延续的，政治大一统、以农耕为经济基础、崇尚儒家文化，是中国王朝史的基本形态。中国王朝史具有治乱循环的特点。在稳定时期，民众通过辛勤的农业劳动以及富有创造性的工商活动，可以迅速地繁殖人口、积累财富，并在此基础上享受高雅精致的生活方式、培育温文尔雅的礼仪文化，国家也能成为世界的文明中心之一。在经济文化灿烂辉煌方面，宋朝与其他大王朝相比，既非特例，也非例外。

中国古代的王朝兴衰有一定的规律可循。初创时期一般休养生息，积累财富，培养国力，否则就会迅速败亡。国力恢复后往往导致两种后果，一是实行富国强兵政策而对外扩张，结果劳民伤财、疲罢民力，国运由盛转衰；二是诱发政治腐败，导致社会贫富分化，底层民众无以为生，最终揭竿而起。

宋朝既不贫弱，也绝非中国历史上的“黄金时代”。神宗时代富国强兵的变法运动引发持续而激烈的党争，可能是宋朝形象备受争议的历史原因，但这种现象本身也没有太多的特殊性。

五、富国强兵

熙宁变法的目的是富国强兵。通过王安石的理财政策，富国实现了，但是强兵的努力以失败而告终。

变法的主要内容，如农田水利法、均输法、青苗法、免役法、市易法、方田均税法，虽然也具有推动生产力发展的性质，但发展经济的目的不是增加民众的财富、提升居民的消费能力，而是增加国家的财政收入，因此当时发动和主持变法的机构是宋朝的财政部门。司马光极力反对王安石的变法措施，指斥王安石“与民争利”，王安石辩驳称，“因天下之力以生天下之财，取天下之财以供天下之费”，美其名曰“理财”。

单纯的富国，并不能为变法提供充分的合法性。相比而言，强兵的旗号更加神圣正确，也让壮怀激烈的神宗皇帝心驰神往。收复燕云十六州，是太祖、太宗未完成的壮志；与契丹国澶渊之盟中的约定，让神宗皇帝感受不到大国的尊严；就连西北藩属党项族，也竟敢自称大夏，与宋朝分庭抗礼。即使不敢想象盛唐时期万国来朝、唐太宗被尊为“天可汗”的荣耀，也至少不能放弃太祖、太宗收复失地，统一疆土的使命，同时也要保证宋朝在列国中相对的优势地位，这是宋神宗对自己政治事业的期待。通过王安石的变法，宋廷积累了大量的财富，宋神宗又将其中相当部分储蓄起来作为特别军费（封桩钱）。

经济发达、财富积累，并不能直接提升军事实力。王安石变法期间，王韶攻占熙、河（今甘肃临洮、临夏）等州，并招抚河湟一带（今青海东部）吐蕃部族30余万人，拓地2000余里，史称“熙河开边”，这是宋神宗统治时期强兵方面最辉煌的成绩。然而元丰年间宋廷出兵攻打西夏，遭遇永乐城大败，宋军几乎全军覆没，宋神宗富国强兵的梦想彻底破灭，年仅三十八岁便英年早逝。

宋神宗去世之后，哲宗继位，开始时太皇太后高氏支持司马光当政，司马光尽废新法，并引发了激烈的党争，史称“元祐更化”。等到哲宗亲政，又重新起用变法派官员，打击元祐党人，这种局面一直延续到徽宗时期。哲、徽两朝开边活动虽然仍在继续，但军事实力并没有得到实质性的加强。既不能支持对外扩张，也不能用之于民的“富国”政策，就沦为赤裸裸的敛财。徽宗一朝君臣在继承神宗皇帝变法事业的旗号下，掀起了一场巨型的贪污腐败运动。

六、强兵才有和平

宋徽宗或许是一个伟大的艺术家，但是并不能改变他是一个昏庸、贪腐的皇帝的事实。同样的道理，即使宋代是一个经济文化特别灿烂辉煌的朝代，也不能扭转宋朝在军事上屈辱失败的命运。

或许有人认为，南宋的经济文化依旧发达，江南的经济得到了长足的发展，文化上不但有朱熹完善了理学的思想体系，而且出现了陆九渊、叶适、陈亮这些具有创造力的思想家。与此同时，南宋的军事战争能力也得到了恢复，蒙古铁骑所到之处，能够抵御幸存的国家少之又少，南宋在宋金战争中立国，抗击元军长达数十年之久，在被元军征服的国家中可谓军事强国。

如果这些判断是成立的，那么比较北宋，同样是经济文化非常发达，南宋在长期的战争中恢复了军事实力，而北宋却因为片面强调文治、过度限制武人权力，对国防采取了消极因循的态度，甚至以富国强兵为名而大行贪污腐化之实，最终酿成深重的政治军事灾难，给国家与民族带来无穷的祸害与苦痛。总之，富国不一定能强兵。

毫无疑问，是和平而不是战争，为北宋的民众带来稳定的生活和丰富的物质、精神财富。但是，和平来自具有相对优势地位的军事实力以及积极高效的防御政策。澶渊之盟为宋辽两国带来百年和平，将其理解为屈辱的城下之盟是有失公允的。但澶渊之盟的外交成果，是以宋军在澶州之战中获得相对优势为前提的。如果澶州之战宋军一败涂地，等待宋朝的将是灭国之灾，而非一纸盟约。这一点在日后的宋金之战中以最残酷的方式验证了。简言之，强兵才有资格讲和平。

富国不一定能强兵，但强兵才有资格讲和平。那么富国是否合情合理，又如何才能强兵？熙宁变法成功地实现了富国的目标，但国家财政收入的增收是以民间财富的积累为前提的。竭泽而渔，国富民疲，乃是秦朝自取灭亡之道，徽宗朝的方腊起义，就是这个简单道理的宋朝注脚。同样，民强才能兵强，国家与民为敌，则兵卒与敌为伍。北宋末年，各地民众组织义军，抗金勤王，竟遭猜忌镇压。宋朝之弱，概自取耳。

理学的党争史与政治文化史[①]

——评余英时《朱熹的历史世界》之一

余英时先生的《朱熹的历史世界：宋代士大夫政治文化的研究》（生活·读书·新知三联书店，2004，以下简称《朱熹》），是对中国政治文化史与南宋政治史非常重要的研究。《朱熹》也是一个非常独特的文本，其本身所具有的政治文化意涵，超越了一般中国史研究的范畴。本文在介绍《朱熹》结构内容、立论主旨的基础上，尝试辨析其论证的过程，然后讨论余先生对宋代士大夫政治的理解方式及相关的

① 原题《从理学的党争史到理学的政治文化史——评余英时〈朱熹的历史世界〉》，原载陈新、彭刚主编《历史与思想：文化记忆与历史主义》第1辑，浙江大学出版社，2014。

几个问题。[①]

一

《朱熹》分上下两篇，而通观全书，包括自序在内的全部内容可以分为四个层次：

---

① 自2003年首先在台湾出版以来，余英时先生的《朱熹的历史世界：宋代士大夫政治文化的研究》已对学界产生了重大而深远的影响，甚至可以说已经成为学术界一个新的具有经典地位的文本。据相关学者统计，海内外对该书撰写的书评不下50种。仅笔者所知，2011年12月由北京大学高等人文研究院举办的“儒学与儒学史研究之前景与展望——环绕余英时《朱熹的历史世界》所作的反思”国际学术会议之会议论文集所附（已刊书评目录）所收书评即达34种（不计会议论文17篇）。综而观之，数十种书评主要是从哲学史、思想史、政治文化史的角度提出各种批评与讨论的。对于该书所涉及的另一个重要方面，即南宋政治史本身，却鲜见评论者。《朱熹的历史世界》一书的撰写具有明确的针对性，除了哲学史界长期以来所强调的理学家内圣外王关系的问题之外，该书另一个重要的讨论对象是刘子健先生的《中国转向内在：两宋之际的文化转向》（赵冬梅译，江苏人民出版社，2002），同时该书也深入讨论了南宋的宫廷政治与党争的历史，以及政治史研究方法论的问题。对于该书涉及的这些具体的政治史问题，学界的、特别是来自宋史学界的讨论尚不充分，本文不揣谫陋，试图从这个方面提几点肤浅的意见。

第一层是两篇自序，交代全书主旨，提出宋代士大夫是“一定程度的政治主体”（自序一，第1页）。第二层是上篇绪说，这部分其实是结论，以绪说的形式统领全书，概括与补充全书内容并阐述其意涵，强调道学家把重建社会秩序的责任放在“士”阶层的身上，他们是与君主“同治天下”的人（第121页），以及朱熹以“无极”描述“太极”，以“无极”阐释“皇极”，如果落实到政治秩序上，则“君”只能是一个“无为而治”的“虚君”（第181页）。第三层是上篇七章，《朱熹》副标题所揭“宋代士大夫政治文化的研究”主要体现在这个部分，通过儒家文化传统（第一章“回向三代”）、宋代士大夫政治地位的演变（第二章“宋代士的政治地位”）与政治理想的提出（第三章“同治天下”、第六章“秩序重建”）、士大夫与君主的政治互动（第四章“君权与相权之间”），层层落实宋代士大夫的“政治主体意识”，其中第五章“国是考”与第七章“党争与士大夫的分化”，则揭示士大夫政治“主体性”在政治实践中的体现，即围绕定“国是”而展开的党争。

上篇为通论，下篇则为专论。下篇绪说为专论之总括，专论六章，这是全书的第四个层次。其中第八章阐述理学家的政治抱负，第九章描述理学家在现实政治中的处境，第十章、十一章分别揭示理学家与孝宗的政治联盟以及理学家以外的“官僚集团”与光宗的政治联盟，第十二章则以心理分析的方法深入阐释孝宗与光宗的权力冲突，由此延及两位君主个人之间心理冲突。但十二章的最后一节“环绕皇权的争论”则转而分析理学家与“官僚集团”对“皇极”的不同阐释，试图从中揭示理学家不同于“官僚集团”的政治文化意义。《朱熹》全文主旨在于揭示朱熹的“历史世界”，从余先生的研究来看，朱熹在现实政治史“世界”中的活动，可以概括为两个方面：第一是与孝宗达成了比较一致的政治取向，并在一定程度上形成了政治联盟，或曰“共定国是”；第二就是对“皇极”的概念进行了理学特有的发挥，以此抵制光宗朝政治，其实也是党争在思想领域的延续。

考察全书各部分之间的关系，才能理解《朱熹》整体构造的原理以及正副标题的含义。正如《朱熹》

上篇绪说与自序是最后写的，却置于全书最前面一样，《朱熹》一书整体的构造有一种倒置的原理：不是从现象到本质、从经验到意义的归纳过程，而是先揭示主题，然后再将主题落实到史实。如果把全书的内容按归纳的方式再倒置过来，那么《朱熹》的内容可以概括为：

高宗无子嗣，选择孝宗等十人以太祖后裔入养禁中，其中孝宗脱颖而出，基本获得了皇储的地位。但孝宗的竞争者伯玖获得高宗吴皇后的支持，给孝宗造成极大的心理压力。由于孝宗性格沉稳，高宗最终选择了孝宗，并以内禅的形式让孝宗提前继承皇位。但是高宗自绍兴三十二年（1162）退位到淳熙十四年（1187）逝世，二十四年间始终在幕后暗握皇权不放手，导致孝宗锐意复古与恢复中原的政治抱负无从施展。因此孝宗对于高宗，在理性或显意识的层面上是感恩戴德，在潜意识中却深藏着敌意和积愤。高宗去世后，孝宗的引退三部曲——“三年之丧”“太子参决”与“内禅”，其中“三年之丧”表面上是孝宗对高宗的一种极端的孝行，实质上是对“三年无改于父道”的一种背离，是一种隐蔽而强烈的泄愤方式；关于“太子参决”，《朱熹》指出，此乃孝宗一己之意，而且必然导致皇权的二元分化。至于“内禅”，《朱熹》认为虽然孝宗有意于此，但本打算在人事布局完成后再行内禅，无奈光宗得到高宗吴皇后的支持，不得不提前退位，从而也打乱了孝宗重用理学家的政治部署。孝宗退位之后，试图效仿高宗以光宗“一月四朝”及在朝理学家继续掌握实权，引发光宗的强烈不满。于是光宗与“官僚集团”结盟，排挤孝宗安排的理学家集团，但结果却是光宗难以承受来自孝宗与理学家的双重心理压力，导致精神失常。

虽然这时期的党争史因为高、孝、光三朝的皇权分立而产生，一般的历史叙述会先讨论孝宗与光宗的权力冲突，然后将党争作为皇权分立的表现给予描述。但《朱熹》为了突出理学家在政治中的特殊意义，下篇先讨论理学家“得君行道”的政治取向，然后描述权力世界中理学家因“以道学自负”而遭遇到的打压，以及孝宗与理学家、光宗与“官僚集团”的政治联盟，最后再揭示孝宗与光宗的冲突。这就使得原来依附于分立的皇权的宫廷政治史与党争史，转变为理学家高扬政治理想、在受挫后奋争、在流产后坚守的历史。事实上孝宗与理学家的关系，是否如《朱熹》所描述那样是单纯的结盟关系，两者之间有没有冲突与较量，具体的政治目标有何异同，以及孝宗、光宗、理学家集团、官僚集团各自的政治诉求与方略，这些政治诉求与方略在具体的政治局势与历史情境可能产生的效果与影响，这些一般治政治史者关注的问题，《朱熹》全书都未予讨论。《朱熹》没有具体展现与孝宗“结盟”的理学家在孝、光两朝的政治表现，在描述孝宗与光宗的心理冲突之后，书中的叙述从权力斗争的世界抽离，开始环绕“皇极”的争论重新讨论政治理念的问题：“官僚集团”将“皇极”理解为“中道”是为了苟且偷生，而理学家将“皇极”理解为“圣天子建皇极以临天下”就是为了与君主“共定国是”，是政治主体的体现，特别是理学家用“无极”来描述“太极”，如果落实到政治秩序上，则“君”只能是一个“无为而治”的“虚君”。

除了揭示理学家的“皇权”观中包含的“虚君”

理念之外，在全书的上篇，余先生还将理学家的这种理念与宋代以来士大夫阶层整体性的政治文化追求连贯起来，就是说朱熹的“皇极”观是宋初以来士大夫阶层持续追求政治主体地位、重建社会秩序的最终结果。宋初士大夫即独立提出了超越皇权的政治理想：回向三代，以尧舜期许当朝君主；同时宋初君主因追求过太平之世而对士人有所期待，导致“士”阶层政治地位提高，结果“士”阶层以天下自许，期盼以“同治天下”之姿态与君主“共定国是”。而在上篇的绪说部分，余先生更从道统、古文运动和佛教的经世情怀三方面，将宋代士大夫的政治文化传统追溯至唐代乃至先秦的儒家文化。这样，从下篇到上篇各章再到上篇绪说，经过层层的内涵发掘与意义升华，余先生终于在自序中点出了“宋代士阶层是政治主体”这一主题。

二

从历史研究的角度来讲，《朱熹》的贡献首先在于对南宋前期高、孝、光三朝宫廷政治史的仔细梳理，以及对孝宗、光宗冲突的心理分析。但是孝宗晚年与理学家的结盟是否如余先生所描述的那样纯粹，仍有讨论的余地，特别是孝宗晚年部署之一的“周必大、留正、赵汝愚三相”中，留正与理学家的关系是否如余先生描述的那么紧密？如何理解留正与周必大的冲突？这些问题《朱熹》并没有仔细处理；关于光宗精神失常的原因，《朱熹》所揭示的“责善则离”即与孝宗的心理冲突因素，是否足以取代一般理解的光宗李皇后妒悍及立储人选问题，同样需要进一步论证。不过更为关键的是，余先生将孝宗与光宗的冲突解释成崇高的理学家与平庸的“官僚集团”之间的对立，“孝宗以太上皇的身份所进行的这一人事部署与围绕光宗的反道学势力所进行的反部署，其性质并不在于‘求治愈新’，而在于皇权与皇极各自‘党立’的表现”，[①]而治史者可习惯于首先在权力斗争的层面解释孝宗与光宗的冲突，不太容易接受这样“理

① 沈松勤：《南宋文人与党争》，人民出版社，2005，第109页。

念”化的理解方式。但无论如何，《朱熹》一方面极大地推动了南宋政治史研究，另一方面其主旨并不是剖析南宋政治史的具体过程，因此本文无意过多地讨论《朱熹》一书中的政治史细节。

《朱熹》的主旨是确立宋代士大夫的政治主体地位，论证过程中值得商榷的地方恐怕在所难免，这里试举几端：

（一）宋代士阶层的地位问题。第二章《宋代“士”的政治地位》讲，“在这一章中，我们要对士在宋代何以取得了较高的政治地位，提出一些历史的说明”（第199页），这里余先生是将宋代“士”阶层政治地位的提升作为一个需要解释的事实而不是需要论证的命题来处理的。但通观全书，余先生并未对“士”阶层做出明确的界定，从《朱熹》的语境来推测，余先生讨论的“士”阶层局限于科举制度下的“士人阶层”，也就是说先秦孔孟这样的儒家圣贤、西汉的董仲舒、六朝隋唐的所谓士族，都不在余先生的比较范围之内。而对于宋代“士”政治地位提升的解释，余先生有这样一段解释：

> 科举制度在长期推行中，对于参加进士试的人往往造成一种巨大的心理压力，激发或加深他们的责任感。这也许可以部分地解释，为什么宋代进士出身的士大夫在国家认同的意识方面，一般地说，远比唐代更为深厚。不仅如此，我还要进一步指出，当时一般的社会心理早已盼望着士阶层复出，承担起重建社会秩序的功能。宋初的文治取向正是对于这一社会心理的敏锐反应。换句话说，赵宋王朝为了巩固政权的基础，也不能不争取遍布全国各地的士阶层的合作。（第208页）

问题是“只能马上得天下，不能马上治天下”是中国古代政治的常识，“天下英雄尽入吾彀中”是否同样说明君主需要与士阶层合作？姑且不论宋代的士大夫是否比唐代的具有更为深厚的国家认同意识，问题在于更为深厚的国家认同意识是否能说明士大夫政治地位的提升？关于士人地位的问题，王安石曾有这样一段论述：

然而今之士不自进乎此者，未见也，岂皆不如古之士自重以有耻乎？古者井天下之地而授之氓。士之未命也，则授一廛而为氓。其父母妻子裕如也。自家达国，有塾、有序、有庠、有学，观游止处，师师友友，弦歌尧、舜之道，自乐也。磨砻镌切，沉浸灌养，行完而才备，则曰："上之人其舍我哉？"上之人其亦莫之能舍也。今也地不井，国不学，党不庠，遂不序，家不塾。士之未命也，则或无以裕父母妻子，无以处，行完而才备，上之人亦莫之举也。士安得而不自进？呜呼，使今之士不若古，非人则然，势也。势之异，圣贤之所以不得同也。孟子不见王公，而孔子为季氏吏，夫不以势乎哉？士之进退，不惟其德与才，而惟今之法度，而有司之好恶，未必今之法度也。是士之进，不惟今之法度，而几在有司之好恶耳。[①]

用今天的话说，王安石认为古代的士人因为有独立的经济基础而无求于官府，“当今”的士人因没有独立经济基础而不得不以出仕作为谋生之手段。如果宋代士大夫的处境真如王安石所描述的“今”之士那样，那么余先生强调的宋代士大夫地位的提高，岂不是成了脱离于经济基础的形而上学?

（二）关于“同治天下”。在第三章《同治天下——政治主体意识的显现》中，余先生提出：

先秦的士主要是以仁（亦即道）为己任，易言之，他们是价值世界的承担者，而天下则不在他们的肩上。

无论是“以天下风教是非为己任”还是“澄清天下之志”，都与“以天下为己任”有微妙的

① 王安石：《进说》，吕祖谦编《宋文鉴》卷一〇七，中华书局，1992，第1487页。

> 差异。如果用现代观念作类比，我们不妨说“以天下为己任”涵蕴着士对于国家和社会事务的处理有直接参预的资格，因此它相当于一种“公民”意识。这一意识在宋以前虽存在而不够明确，直到“以天下为己任”一语出现才完全明朗化。（第211页）

但余先生又提出：

> 道学与政术是一体的两面，根本不能分开。（第120页）

> 道学家为什么念兹在兹地要重建一个“有道”的人间秩序，并且从整顿“治道”开始，道学家把这个责任放在“士”阶层的身上，因为他们是与君主“同治天下”的人。（第121页）

虽然宋儒对“道体”的阐发比之前更具“本体论”和“形而上学”的意味，但毕竟是通过对先秦的儒学经典，如《大学》《中庸》《尚书》的阐发实现的，“道学与政术是一体的两面”难道不是贯穿于整个儒学思想史，而是到宋代才提出的新义？儒家的“天下”或“人间秩序”无非是通过教化而实现的符合儒家伦理的“天下”或“人间秩序”，既然没有超越于“风教”的天下秩序，“以天下风教是非为己任”与“以天下为己任”又有何本质的区别？

“为与士大夫治天下”，语出《续资治通鉴长编》卷二二一（“熙宁四年三月戊子”条）：

> 彦博又言：“祖宗法制具在，不须更张以失人心。”上曰：“更张法制，于士大夫诚多不悦，然于百姓何所不便？”彦博曰：“为与士大夫治天下，非与百姓治天下也。”上曰：“士大夫岂尽以更张为非，亦自有以为当更张者。”（《朱熹》第221页）

这段记载中，文彦博提出变法“失人心”，可见君臣讨论的是政策的利益诉求，并非政治主体的问题。神宗反驳称，变法虽然引起士大夫阶级的抵制，却受百姓欢迎，自然是将“士大夫”与“百姓”视为两个对立的社会阶级。不料余先生提出，“我们不能误将神宗口中的‘士大夫’和‘百姓’看作两个对立的社会阶级”，言下之意余先生不能接受神宗将“士大夫”与“百姓”对立的观点，但以此并不能否认宋神宗的主观判断就是将两者对立起来。文彦博指出，政策应当以士大夫利益诉求为导向，原因就是“为与士大夫治天下，非与百姓治天下也”，因为君主“与士大夫治天下”，所以政策（法制）应该符合士大夫的利益诉求，不应该失去士大夫的“人心”，应该于士大夫“为便”，等于承认了“士大夫”阶层与“百姓”的利益差别。而余先生认为“从社会背景说他们则来自‘百姓’中的各阶层”，推导出“上引文献中不仅‘士大夫’没有社会阶级的涵义，‘百姓’更不能笼统地理解为阶级的指称”（第221页），姑且不论余先生这样的判断是否准确，至少这只是余先生的观点，而不是文彦博在这段话中试图表达的意思。

余先生又引用王安石《虔州学记》中“道隆德

骏者……虽天子，北面而问焉，而与之迭为宾主”来推论“有道之士”与“天子”“处于完全平等的地位”，但书中并未将相关史料引用完整。王安石《虔州学记》，序言介绍虔州概况及虔州州学的来历，然后阐发尧、舜、三代理想之“学”，其谓：

> 余闻之也，先王所谓道德者，性命之理而已。其度数在乎俎豆、钟鼓、管弦之间，而常患乎难知，故为之官师，为之学，以聚天下之士，期命辩说，诵歌弦舞，使之深知其意。夫士，牧民者也。牧知地之所在，则彼不知者驱之尔。然士学而不知，知而不行，行而不至，则奈何？先王于是乎有政矣。夫政，非为劝沮而已也，然亦所以为劝沮。故举其学之成者以为卿大夫，其次虽未成，而不害其能至者以为士，此舜所谓庸之者也。若夫道隆而德骏者，又不止此，虽天子，北面而问焉，而与之迭为宾主，此舜所谓承之者也。蔽陷畔逃，不可与有言，则挞之以诲其过，书之以识其恶，待之以岁月之久而终不化，则放

弃、杀戮之刑随其后，此舜所谓威之者也。盖其教法，德则异之以智、仁、圣、义、忠、和，行则同之以孝、友、睦、姻、任、恤，艺则尽之以礼、乐、射、御、书、数。淫言诐行诡怪之术，不足以辅世，则无所容乎其时。而诸侯之所以教，一皆听于天子，天子命之矣，然后兴学。命之历数，所以时其迟速；命之权量，所以节其丰杀。命不在是，则上之人不以教，而为学者不道也。士之奔走、揖让、酬酢、笑语、升降，出入乎此，则无非教者。高可以至于命，其下亦不失为人用，其流及乎既衰矣，尚可以鼓舞群众，使有以异于后世之人。故当是时，妇人之所能言，童子之所可知，有后世老师宿儒之所惑而不悟者也；武夫之所道，鄙人之所守，有后世豪杰名士之所惮而愧之者也。尧、舜、三代从容无为，同四海于一堂之上，而流风馀俗，咏叹之不息，凡以此也。①

① 王安石：《王文公文集》，唐武标注，上海人民出版社，1974，第401—402页。

余先生引王安石文，引文裁剪自“夫士，牧民者也”始，至“此舜所谓‘承’之者也”，据此余先生又认为：

> 这一段文字借一种假想的政府起源论立说。最可注意的是它肯定在“先王有政”（所谓“设官分职”）以前，“士”的功能早就是“牧民”了。（第225页）

余先生似乎从王安石的引文中发现了一种“士人创造政治”的理论：

> “士大夫”自始便是直接“为天下”“为万民”而存在的，并不是因为“君分吾以天下而后治之，君授吾以人民而后牧之”。（第226页）

然而这里余先生省略了“夫士，牧民者也”之前一段非常关键的话："余闻之也，先王所谓道德者，性命之理而已。其度数在乎俎豆、钟鼓、管弦之间，而常患乎难知，故为之官师，为之学，以聚天下之士，期命辩说，诵歌弦舞，使之深知其意。"王安石的观点，"道德""性命之理"等所谓的道体，最初是由君王掌握，并且以此创置学校教育"天下之士"，又有士"学而不知"，君王"于是乎有政"，以正士人之学。可见君王不但是"政"的创立者，同时也是"道"的源头，贯通上下文意，易知王安石所谓"牧民之士"，既不能优先掌握"道德性命"而须受先王之学，又不知如何应用先王之学而须受先王之政。然后王安石依据"学"的程度将士分为四类，学成者为卿大夫，平庸者为普遍之士，道隆而德骏者虽天子北面而问焉，蔽陷畔逃而终不化者则放弃杀戮之。这里王安石讨论的是君王待士之道，即使士有"道隆而德骏者"，也无法改变君王"为学""有政"，即在政治文化中的绝对地位。这也是王安石此文试图宣扬的主旨，即君王才是政治文化的唯一、绝对的主体，而"士"阶层只能是君王意志的接受者与传播者，即所谓“诸侯之所以教，一皆听于天子，命之教，然后兴学”。当然这只是王安石对尧、舜、三代道统与政统合一状态下理想之学的描述，从余英时所谓宋代士大夫“回向三代”的观点来理解，或者也可以理解为是王安石的政治理想与现实主张，这就是王安石在下文所谓的“今之守吏，实古之诸侯，其异于古者，不在乎施设之不专，而在乎所受于朝廷未有先王之法度；不在乎无所于教，而在乎所以教未有以成士大夫仁义之材”（《王文公文集》，第402—403页）。总之，王安石的理想是让君主优先掌握性命之学与先王法度，然后再化成士大夫。在这样的基础上，“道隆而德骏者”即使可以在天子面前南面而师，其意义也在于帮助君主重新掌握道统，即使师儒可以自称掌握道统，也始终与政统分离，而道统与政统合一的理想状态只能通过君主来体现。

如余先生所揭示，王氏新学与理学之间既有传承，也有变异，余先生认为关于士人的政治主体地位，理学继承了王氏，两者的差别仅体现在对“性命之理”的具体阐释。但事实上两者的差异恰体现在士与皇权的权力关系上，王氏所扮演的是帝王之师的角色，他的政治文化理想是为皇权重建性命之理的内涵，只有理学家才试图构建本体论、形而上学意义上的“道体”，将皇权纳入“道体”的体系中。而两者同样无法超越的是，无论“外王”与“内圣”的关系如何，儒家政治文化不可能改变皇权在政治上凌驾于士人的基本现实。

三

在《朱熹》上篇绪说的最后一段话，余先生交代了全书的学术史脉络及其立意：

> 以往关于宋代理学的性质有两个流传最广的论点：第一，在“道统大叙事”中，论者假定理学家的主要旨趣在“上接孔、孟不传之学”。在这一预设之下，论者往往持孔、孟的“本义”来断定理学各派之间的分歧。第二，现代哲学史家则假定理学家所讨论的相当于西方形上学或宇

宙论的问题。根据这个预设，哲学史家运用种种西方哲学的系统来阐释理学的不同流派。这两种研究方式各有所见，但却具有一个共同之点，即将理学从宋代的历史脉络中抽离了出来。我在这篇《绪说》中所采取的则是另一预设。我假定理学家上承宋初儒学的主流，要求改变现实，重建一个合理的人间秩序；整顿“治道”则构成了秩序重建的始点。（第183页）

其实，在传统中国，儒学本来就是一种政治文化，只是在近代西方学科体系下，儒学被格义为哲学，才成为一门形而上学或者伦理学，从而在“哲学（史）”的学科体系内与政治脱节。而在近代以来中西方的史学研究中，儒学的现实政治取向本来就是一个核心的命题，其中有将新学与理学之争解释为地主阶级革新派与大地主阶级顽固派之间的斗争，也有将新学、理学之变视为中国从激进扩张转向保守内向的契机，又或者将理学视为精英地方化的表征。此外，葛兆光从“文化重心与政治重心的分离”的角度来理解理学与士绅阶层的关系，关长龙则指出：“道势之争在一种没有完善的政治改革特别是触及当时皇权的政治改革的情况下，真正的外王建设是不可能成功的。”[①]或许在余先生看来，以上这些有关宋代理学的研究并非“流传最广的论点”，因此不必予以讨论，但至少余先生给出的“另一预设”，即“假定理学家上承宋初儒学的主流，要求改变现实，重建一个合理的人间秩序”，是史学界研究的基本前提，而不需要通过立说著作予以论证，真正需要研究的是理学家试图如何改变现实、重建什么样的“合理”的人间秩序。也只有揭示了理学家需要重建什么样的“合理”的人间秩序，才能帮助我们在历史的情境中理解理学家的活动。舍此而仅在政治文化的层面上讨论宋代士大夫的“政治主体”，未免是另一种“将理学从宋代的历史脉络中抽离了出来”。

余先生又揭示，张载指出“朝廷以道学、政术为二事，此正自古之可忧者”，把“道学与政术是一体的

① 关长龙：《两宋道学命运的历史考察》，学林出版社，2001，第465页。

两面，根本不能分开”的意思说得极为透彻（第119—120页），从而论证“道学家为什么念兹在兹地要重建一个有道的人间秩序，并且从整顿治道开始，道学家把这个责任放在士阶层的身上，因为他们是与君主‘同治天下’的人”（第121页），而“同治天下”又是余先生讨论士大夫政治主体意识的关键环节。这里需要追问的是，余先生所谓的“政治主体”究竟何指？宋代“朝廷以道学、政术为二事”，而理学家试图将“道学与政术”合二为一，并以“道学辅人主”，余英时以此论证理学家或者士大夫的政治主体地位——显然，理学家是以“道学的主体”以及“道学与政术的合二为一”间接地实现道学家或者士大夫的政治主体地位的。换言之，士大夫虽然希望与君主“同治天下”，但他们论证自己与君主“同治天下”的合法性是在“道体”这个层面上兜了一圈而达成的，缺了这一层，士大夫的“政治主体”地位也就无所依凭了。问题是，通过“道体主体”而实现的“政治主体”地位与“政治主体”地位本身是否有所区别？或者说“以道学辅人主”“同治天下”所体现的是怎样一种“政治主体”地位？与现代政治意义上的“政治权力”是否存在着区别?

四

如前所述，余先生的《朱熹》不是一般的史学研究，而是一个独特的政治文化的文本。这部著作提出了一个无法回避的问题，即如何对待宋代理学的政治文化遗产。近代以来的中国史叙述中，理学或是政治专制主义的指导思想，或是地主阶级统治民众的意识形态工具，或是士绅阶层守护“社会”抵制皇权过度侵犯的思想武器，或是知识分子在政治上限制皇权的软弱无能的思想体系。余先生的《朱熹》对理学提供了一套新的解释体系，但这种解释是否成功，一方面取决于多大程度上符合历史本身的发展脉络，另一方面也取决于现实的政治趋势。从后一种意义上讲，如果今天的政治诉求主要是“以道学辅人主”，《朱熹》的现实的政治文化意义可能会突显出来，但这与现实情境相去较远。

关于理学作为政治文化遗产的现实意义，这里提出两点不成熟的看法。

首先，以儒学为代表的中国的社会秩序构建的原理，与西方文明的根本精神有相异之处，其中包括所谓的特殊主义与普遍主义的分野。宋代理学家构建“道体”或者“天理”这样抽象的本体论的概念，并不能改变儒学以宗法伦理构建社会关系与政治秩序的基本模式。按儒学的理念，社会（群）是由各种人伦关系构成的关系网的整体，人伦关系具有本体的地位。而按现代西方的观念，社会是个人根据契约关系构成的联合体，个人权利具有本体的地位，社会的联合只是实现个人权利的工具或手段。两种观念或许没有优劣之分，但将儒学与西方政治的根本理念贯通起来，在学理上可能是冒险的，包括把“道学辅人主”与“政治主体”等同起来。

其次，虽然西方社会的现代性是以裂变的形式出现在人类历史上的，现代性的含义无论多么含糊，与传统的区别仍然清晰可辨。但不能因此认为，现代社会是以取代传统社会的方式出现的，事实上所谓的现代性是从传统社会中滋长、裂变出来并与传统社会相互依存的，现代性的所有要素并不能构成一个完整、充分的社会。在现代西方，基督教的宗教信仰，社会团体的自治力量，乃至各种所谓的反现代性的思潮，都可以视为现代社会构建的“传统基础”。抽空了这样的“传统基础”，纯粹的现代性可能造就一个空洞、无价值根基的现代社会。

根据以上两点基本判断，个人认为今天发掘儒学价值的方向，或许不在于疏通儒学与现代性的隔阂，而是在于在中国社会引入“现代性”，构建现代社会过程中，充实包括儒学在内的社会传统基础。这个过程中，传统基础作为现代社会中的人的需求而重新确立，现代性与传统基础需要一个相互适应的过程。当然现代社会必然是价值多元化的社会，儒学必须接受价值理念被相对化的现代命运。

理学政治理想及其现实处境[①]

——评余英时《朱熹的历史世界》之二

余英时先生的《朱熹的历史世界：宋代士大夫政治文化的研究》（以下简称《朱熹》）出版已三年有余。[②]

① 原题《在政治现实与儒学理想之间——也读余英时〈朱熹的历史世界〉》，原载《社会科学评论》2007年第3期。

② 最初读到的是台湾允晨版，本文所用的是生活·读书·新知三联书店2004年的版本。

三年来围绕该书已经形成多篇书评，[①]也有知名的学术机构召开专门的座谈会。[②]《朱熹》一书极大地推动了宋代政治文化史的研究，不过余先生是从哲学思想史的语境中提出论点的，之前的多篇书评也主要来自思想史领域，与历史学的观察角度不无隔阂。余先生讨

① 笔者所知有：何俊：《推陈出新与守先待后——从朱熹研究论余英时的儒学观》，《学术月刊》2006年第4期；金春峰：《内圣外王的一体两面——读余英时〈朱熹的历史世界：宋代士大夫政治文化研究〉》，《九州学林》2004年第2卷第4期；包弼德：《对余英时宋代道学研究方法的一点反思》，程钢译，《世界哲学》2004年第4期；田浩：《评余英时的〈朱熹的历史世界〉》，程钢译，《世界哲学》2004年第4期；王汎森：《历史方法与历史想象：余英时的〈朱熹的历史世界〉》，《中国学术》，2004；葛兆光：《拆了门槛便无内无外：在政治、思想与社会史之间——读〈朱熹的历史世界〉及相关评论》，《当代》2004年第2期；陈来：《从“思想世界”到“历史世界”——余英时〈朱熹的历史世界〉述评》，《二十一世纪》2003年第10期。黄进兴：《以序为书》，收入《读书》2003年第9期；刘述先：《评余英时〈朱熹的历史世界——宋代士大夫政治文化研究〉》，《九州学林》2003年第2期。杨儒宾：《如果再回转一次“哥白尼的回转”——读余英时先生的〈朱熹的历史世界——宋代士大夫政治文化研究〉》，《当代》2003年第11期。

② 邓小南等：《历史学视野中的政治文化》，《读书》2005年第10期。

论的问题有着非常复杂的学术史背景，而且是抱着明显的“士大夫情结”撰成此文的，因此《朱熹》形成了十分独特的学术旨趣。本文试图从近代中国史学学术旨趣演变的角度来分析《朱熹》的学术价值，并尝试指出余先生的观点与历史学主流观点的主要区别。

一

由于《朱熹》是在思想史的语境中提出一个政治史的问题，相对于思想史而言，这可能是一个全新的课题。但从历史学的立场讲，理学从来都是作为一种政治文化（或曰意识形态、上层建筑）来研究的，在强调马克思主义指导的中国更是如此，因此《朱熹》一书“发掘道学的政治含义”，本身并无新意。问题在于，《朱熹》对理学政治文化的解释，与史学界之前的观点大有异趣，因此有必要从史学的语境中对其进行评述。五四新文化运动以来，儒学主要作为维护传统专制统治的文化机制而遭到批判。这种研究取向后来引起哲学史研究者的反思，并有意避开政治阐释，专注于纯粹哲学思想层面上的理学研究。余英时强调从“思想世界”走向“历史世界”，似乎又是这个问题的再次反转。“五四”以来也有在现代政治理念的层面上维护传统儒学的学派，此即所谓的现代“新儒学”。现代新儒学强调，儒学具有限制专制的传统，甚至可以引导中国走向现代的民主政治，因此追求民主政治不需要传统政治文化的改弦更张。此后西方汉学中也有类似论调，比如包弼德（Peter K. Bol）认为，道学是士大夫与专制皇权分道扬镳，试图依靠自身力量发展地方势力的“政治文化”。[①]

余英时往往被认为是现代新儒家的一员，但余先生本人是否认这一点的。从《朱熹》一书看，余先生并没有将宋代士大夫的政治主体地位或意识，与现代民主政治等量齐观，也不认为中国民主政治之花应该开在儒学文化的枝头上。作为史家的这种卓识，足以将余先生与现代“新儒家”区别开来。“五四”激进派的主流观点，是将儒学作为专制统治的一个要

① 参见包弼德（Peter K. Bol）《斯文：唐宋思想的转型》，刘宁译，江苏人民出版社，2017。

素来看待的。余先生《朱熹》一书与这种研究视角最主要的区别在于，他将统治集团一分为二，从士大夫与皇权关系的角度来阐释儒学的政治含义。从这种角度观察，必然会提出儒学与皇权冲突的观点。这与“五四”激进派的观点其实是两个层面上的讨论，相互之间并不产生必然的冲突。至于包弼德等美国学者关于理学是士大夫远离皇权的精神武器的观点，余先生的理学“得君行道”说算是一种批驳。

官僚帝国政治体系中，官僚集团与君权的冲突本是普遍现象。①《朱熹》从儒学内部发展的脉络梳理宋代理学伸张“士”阶层政治主体地位的进程，本身也并不新鲜。②但书中对王安石新学与程朱理学的传承关系，皇权与皇极的关系，南宋政治中皇权、官僚集团、理学集团三方面的互动关系，以及皇权本身的构成等问题的

① 参见艾森斯塔得（S. N. Eisenstadt）《帝国的政治体系》，阎步克译，贵州人民出版社，1992；孔飞力（Philip A. Kuhn）《叫魂——1768年中国妖术大恐慌》，陈兼、刘昶译，上海三联书店，1999。

② 葛兆光《中国思想史》第二卷（复旦大学出版社，2000）相关部分就是在这种思路下展开的。

探讨达到了前所未有的深度，从这个角度来说，《朱熹》是宋代政治文化史研究的重要里程碑。

二

由“朱熹的历史世界”延伸而来，余先生反复强调宋代士大夫的政治地位相当之高：

> 宋代士阶层不但是文化主体，而且也是一定程度的政治主体，至少他们在政治上所表现的主动性超过了以前的汉、唐和后面的元、明、清。（自序一）

> 他们两人（指王安石与司马光）都把自己看作是政治主体。（自序二）

> 用现代观念说，他们已隐然以政治主体自待，所以才能如此毫不迟疑地把建立秩序的重任放在自己的肩上。（第6页）

> 宋代是士阶层在中国史上最能自由发挥其文化和政治功能的时代，这一论断建立在大量史实的基础之上，是很难动摇的。（第378页）

从历史学的视角来看，余先生的这种观点或可再议。这里需要讨论以下几个问题：第一，宋代士阶层的地位比汉唐时代更高吗？第二，宋代是理学形成的时代，国家并没有完全接受理学的观念，元明清三代理学成为国家正统思想，但为什么士人的地位反而比宋代更为不堪呢？如果从政治理念回归到现实政治的层面，理学对士人政治地位究竟起到了什么样的作用？

余英时在讨论“道统”时曾引述这样一段文字：

> 这也只自渡江后，君臣之势方一向悬绝，无相亲之意，故如此（指君临臣丧）。古之君臣所以事事做得成，缘是亲爱一体。因说虏人（指金人）初起时，其酋长与部落都无分别，同坐同

饮，相为戏舞，所以做得事。（第20页。原文出自《朱子语类》卷八九）

这里朱熹其实是指出，宋朝臣子的地位还不如部族社会。这个观点很重要。众所周知，士本是周朝低等贵族，这种地位正是由部族社会演变而来的。东周以来，贵族社会崩溃，官僚体制兴起，作为四民之首的士阶层也随之形成，凭一技之长自进于君主，成为君主之臣仆。孔子坚持“士志于道”的理念，力图恢复西周礼乐制度，伸张君子儒的政治主体性，从而成为无可争议的儒学的创始人。作为低等贵族，士本来就是政治之主体，本不需要孔子来伸张士的政治主体性。东周时代，正是由于“士”的地位由贵族堕落为臣仆，才需要孔子重振士的政治精神，孔子的出现其实是士阶层地位下沉的表现。

春秋战国是游士的时代，士阶层虽然由贵族沦为平民和臣仆，至少可以自由选择服务的对象。秦汉帝国建立，天下定于一主，士阶层失去择君的条件。秦始皇摒弃儒家文化而以吏为师，士的文化权力也被剥夺，甚至可以说士阶层就此消亡。西汉荐举制度重新召引儒士入仕，文吏与儒士逐渐结合，[①]士阶层的政治地位略有恢复，不过这时期“学以居位曰士”，[②]士终究是君主的臣僚，谈不上政治主体性。东汉以来士族兴起，士阶层不再是怀抱一技之长的个人，而成为具有深厚经济、文化和社会基础的政治势力。凭借强大的政治能量，士族逐渐成为扶持皇权的决定性力量，形成“王与马，共天下”的门阀政治局面。从政治社会史的角度来讲，这是中国王朝史上士阶层政治地位最为高涨的时代。隋唐以来，随着士族势力的衰落和皇权的加强，选官权力的重心回归到中央政权，士阶层重新沦为科举制度之下的个体的才能之士，重新回到皇帝臣僚的地位。

从汉晋的士族演变为唐宋的科举之士，士阶层社会地位再次沉沦。宋儒对此有清醒的认识，认为科举

---

① 参见阎步克《士大夫政治演生史稿》，北京大学出版社，1996。

② 班固撰，颜师古注：《汉书》卷二四《食货志第四》，中华书局，1962，第1118页。

兴而士“贱”：

> 一求于京师，蹉跌一失之，则有老身不及遇者。故士之不遇当世者始多，甚者不知士于天下为何用也。然此固士贱之道尔。①

士人没有稳固的经济实力，不但不能提出政治要求，甚至在经济上依附于皇权，以科举出仕求富贵。被余英时认为是伸张政治主体地位的代表人物王安石就认为，宋代士阶层的命运掌握在“有司”，“是士之进不惟今之法度，而几在有司之好恶耳”。②

余英时论证宋代士大夫政治地位的提升主要有两方面的论据。一是宋朝“重建文治秩序”，重用士阶层（第二章《宋代“士”的政治地位》，第209页）；二是宋代士大夫“以天下为己任”，皇帝“为与士大夫治天下”（第三章《“同治天下”》）。这两条都是治宋史者最熟悉的

---

① 王令：《广陵集》卷二四《见朱秘丞书》，线装书局，2004年宋集珍本丛刊本，第7—8页。

② 王安石：《进说》，吕祖谦编《宋文鉴》，第1487页。

事实，问题是这些现象是否能够证明宋代士大夫政治地位之提升？认为宋代士大夫的地位是因为皇帝的重用而提升，等于承认宋代士阶层的地位相当于皇帝统治的工具，无论如何都很难提升到“政治主体”的地位。赵匡胤意识到“宰相须用读书人”，但也嘲讽过“彼谓国家事皆由汝书生耳”，说明在君主的视野中，士阶层的重要性局限于其工具的属性。[①]至于自觉的一方面，宋代士阶层不乏有人“以天下为己任”，的确是士阶层政治主体意识高涨的体现，但实际政治地位另当别论。至于“为与士大夫治天下”，主要是“指通过士大夫，借助于士大夫的人手、能力来治理天下，亦即原则上将士大夫的作用定位于听命于帝王、替帝王治理天下的工具”，[②]而不是士阶层作为政治主体与帝王共有天下，士族凭借军事力量与皇帝共有天下的局面在宋朝是无法想象的。

---

① 引文见李焘《续资治通鉴长编》卷七，“乾德四年五月乙亥”条；卷一二，“开宝四年十一月癸巳”条，中华书局，第171、273页。参见邓小南《祖宗之法：北宋前期政治述略》，生活·读书·新知三联书店，2006。

② 邓小南：《祖宗之法：北宋前期政治述略》，第417页。

三

或有论者以为，即使理学的政治主体意识是在士阶层实际政治地位下降的背景下产生的，但毕竟是士大夫提高自身政治地位、伸张政治主体地位的必由途径。这当然不能说错，但从实际历史发展的情况来看，理学发展的实际后果，却是使得士阶层的地位进一步下沉。这也就是前面提到的第二个问题，为什么在理学正式成为国家正统思想的元明清三代，士的地位反而更低了呢？《朱熹》一书虽然没有涉及这个问题，宋代理学对政治的实际影响并不应该被回避。

唐宋以来科举大兴，士族衰落乃至消失，士阶层失去经济实力而沦为科举之士，政治地位下沉。在理学成为正统思想之前，朝廷主要以富贵吸引士人，所以宋代有传为宋真宗御诗的《劝学》：

富家不用买良田，书中自有千钟粟。

安居不用架高堂，书中自有黄金屋。

出门莫恨无人随，书中车马多如簇。
娶妻莫恨无良媒，书中自有颜如玉。
男儿欲遂平生志，五经勤向窗前读。①

陈襄在仙居撰《劝学文》也明确提出以科举取富贵的观念：

今天子三年一选士，虽山野贫贱之家，所生子弟，苟有文学，必赐科名，身享富贵，家门光宠，户无徭役，休荫子弟，岂不为盛事？②

乃至南宋陆九渊受朱熹之邀在白鹿洞演讲《论语》，竟直斥士子只为功利读书：

今人只读书便是利，如取解后，又要得

① 见《古文真宝》卷首《真宗皇帝劝学文》，转引自何忠礼《科举制度与宋代文化》，《历史研究》1990年第5期。
② 陈襄：《古灵先生文集》卷二〇《仙居劝学文》，线装书局，2004年宋集珍本丛刊本，第2页。

官，得官后，又要改官。自少至老，自顶至踵，无非为利。[①]

利诱之下，士人虽然是“为了爵禄之故”而求进于君主，“召之即来，如仆从一样”（第9页），但形成的君臣关系反倒类似契约，如果士人安于贫贱，至少仍有做处士的空间。而君主一旦接受理学，是不是如余英时所理解，会极大提升士阶层的政治主体性呢？其实未必。余英时深刻地揭示了理学家的“皇权”理论包含着“虚君”的内在要求。但在现实政治中，实现理学政治理想的唯一途径是让君主掌握理学。朱熹的政治抱负不可能寄托于君主权力的虚位化，而只能将“道统”标榜为政治权力的源头。如果君主可以接受理学，士人的权力将不再来源于君主，而是与君主一样由“道统”而获得政治权力，士人还可以通过“道统”来限制皇帝的行为。因此朱熹的最高理想仍是“得道行君”而不可能是皇权虚位，这也

① 朱熹：《朱子语类》卷一一九《训门人七》，中华书局，1986，第2873页。

意味着士阶层“理学化”的政治权力的获得仍以皇帝的意志为前提。

如果君主真的接受理学，能不能改善士阶层的政治地位呢？历史的回答仍是否定的。这是因为皇帝一旦接受理学，在承认士人政治权力的同时，君主也获得了权力的理学合法性。士人通过理学获得政治主体性，是以君主获得理学这种政治文化的合法性为前提的，而在理学的理论中，君主的地位只可能比士人更高，而不是更低。因此一旦皇帝接受理学，就必然赋予皇帝优先于士人的理学解释权。由此导致的后果是，皇帝不但没有失去“治统”，反而同时获得了“道统”。历史的事实正是如此：

> “治教合一”虽为儒家长远以来的政治理想，但这个理想落实到制度结构上，却是分而为二，各由“统治者”和“士人阶层”所承担；宋代以降，“道统观”逐渐发展成形，更赋予“士人”意理的基础，倚之与政权抗衡。但在康熙皇帝的统理期间，由于“道统”和“治统”的结

> 合，使得“治教合一”的象征意义和结构上（皇权）真正化而为一，致使士人失去批判政治权威理论立足点。[①]

对士阶层而言，“治教合一”还可能产生另一种恶果。当朝廷以富贵利诱士人时，士人还有安贫乐道的可能性。一旦皇帝接受理学，获得“道统”，他就可以宣布士人必须为“道”所用，事实上就是为皇帝所用。这样，士阶层就由自愿做臣仆，沉沦为必须做臣仆，以致朱元璋宣称“寰中士大夫不为君用，是外其教者。诛其身而没其家，不为之过”。[②]

总之，朱熹的“皇极”理论、“虚君”理想在现实中难以实行，余英时所谓的宋代士阶层的政治主体地位、政治权力在宋代的提升，似乎也只是局限于他们的方案之中而成为一厢情愿。通过理学要求君权虚

---

① 黄进兴：《清初政权意识形态之探究：政治化的道统观》，氏著《优入圣域：权力、信仰与正当性》，陕西师范大学出版社，1998，第99页。

② 朱元璋：《大诰三编·苏州人才第十三》，明洪武十九年刻本，第47页。

位无异于与虎谋皮。余英时将王安石与朱熹看作是宋代伸张士大夫政治主体的代表，但其实王安石和朱熹都强烈地要求“一道德”。如果他们的政治主体性可以伸张，真的可以“得君行道”，他们自然要求统一士人的思想。一旦思想一统，士人连文化主体性都可能被剥夺，更何谈是政治主体性？

朱熹构建思想世界固然是为了重建人间的政治秩序。问题是余英时在思想史与政治史之间左冲右突，重建朱熹“缺失”了的历史环节，他的价值关联又是什么？作为史家，余先生无法将理学的反专制精神与现代民主精神直接挂钩，作为淫浸于传统文化与道德的中国知识分子，余先生也很难从感情上接受中国传统文化被排斥于现代主流文明之外的事实，这或许可以解释余先生的中国士人史研究总是饱含深情，一篇《朱子文集》的序文为何以洋洋洒洒成数十万言。但如果理学无力抵制专制政治，中国传统文化也不存在现代文明的基因，那么理学与中国传统文化是不是就应该被扔到历史的垃圾桶呢？除了比附现代文明，理学或传统文化就没有独立存在的价值了吗？

“祖宗之法”的虚与实

——评邓小南《祖宗之法》

邓小南教授的《祖宗之法：北宋前期政治述略》是2006年出版的北宋政治史研究的重要著作（生活·读书·新知三联书店版），学界同行给予很高的评价，被称为是“重建北宋政治文化的扛鼎之作”。[①]宋朝的“祖宗之法”虽然不是新的研究命题，但邓小南教授从具体的政治“过程、行为、关系”入手，细致描述了太祖、太宗两朝的政治走向，以及之后宋代君臣对“祖宗之法”的阐述与利用，丰富了宋朝“祖宗之法”这个命题的内涵，推陈出新地

① 李华瑞：《重建北宋政治文化的扛鼎之作——读邓小南〈祖宗之法：北宋前期政治述略〉》，《宋史研究通讯》2006年第2期。

构建了宋代前期政治文化史的面貌，解决了北宋政治史的一些重要问题，并提出或深化了相关的政治史命题，为推动宋代政治文化史的研究做出了重要的贡献。

一

《祖宗之法》的学术贡献，首先体现于对宋代政权集团的重新讨论。政权集团的研究与讨论，是中国传统史学最关注的问题之一。以宋代为例，王夫之《宋论》曰：

> 赵氏起家什伍，两世为裨将，与乱世相浮沉，姓字且不闻于人闲，况能以惠泽下流系邱民之企慕乎……夫宋祖受非常之命，而终以一统天下，底于大定，垂及百年，世称盛治者，何也？唯其惧也。惧者，恻悱不容自宁之心，勃然而猝兴，怵然而不昧，乃上天不测之神震

动于幽隐，莫之喻而不可解者也。[①]

王夫之特别强调赵匡胤的社会出身与宋初政治取向的内在关联，赵匡胤起家什伍，夺取政权时无德无功，故受命后的政策措施皆出于一个“惧”字。又比如陈寅恪先生的“关陇集团”说，更是隋唐政权集团研究的典范之作。

很长一段时间以来，历史学研究中的政治问题一般都用经济基础与阶级斗争来解释，使史学工作者只关注政权的经济基础和阶级属性，将中国帝制时期的任何一个政权都简单地理解为地主阶级利益的代言人，而忽略了对具体政权集团社会背景的研究，政权集团的特殊利益与具体政策之间的关系也因此无从展开。而一个朝代的政治与政权集团的特殊利益关系密切，对政权集团的研究具有十分重要的意义。近年来，这方面的问题重新引起一部分学者的注意，比如李开元的《汉帝国的建立与刘邦集团：军功受益阶层

---

① 王夫之：《宋论》卷一《太祖》，第1—2页。

研究》（生活·读书·新知三联书店，2000），就是这方面的典型。

就宋代史而言，邓小南教授虽然并非第一个关注者，但她的《祖宗之法》以一部专著的分量，全面展开了对宋朝政权集团的学术讨论。这部分的内容主要集中在第二章《走出五代》。这一章分三个部分，分别是“五代宋初统治人群中民族色彩的淡出”“走向再造：10世纪前中期的文臣群体”“导向的确立：‘欲武臣读书’与‘用读书人’”。由于这三个部分由三篇独立的论文构成的，形成书稿时作者似乎并不在意将其重新整理成为一个整体，因此初读时或感觉是在讨论三个不同的问题。但细细品读，就会发现这三个部分完整地描述了宋朝政权集团的构成。

在第一部分，作者指出“五代王朝中，除朱梁外，其余四朝均出于沙陀部李克用系统，赵宋王朝就其统治者的‘底盘’而言，亦与之有着一脉相承的关系”（第80页），但接着作者又详细地描述了五代以来民族混融、“胡/汉”语境消解的过程，着力于论证五代宋初政权集团民族色彩的淡出。这样，作者完成了一个自我否定的命题，其实表明了宋代政权是没有民族背景的单纯武人集团的观点。第二部分十分详尽地描述了士族阶层从政权集团中彻底退出，以及文吏在政权集团中日益发挥重要作用的过程。第三部分，其实从第二部分的第四小节“交汇与再造”开始，描述了武人集团与文吏集团相互结合的过程。这样，整个第二章完整地描述了五代宋初政权集团的构成，这个政权集团既不是来源于像魏晋政权中的地方世家大族，也不是来源于像黄巾军那样的社会底层宗教组织，同样不是建立北朝、元、清政权的游牧民族，而是一个由职业的武人集团和文吏构成的政权集团。

关于五代政权的社会基础，前人已有不少讨论，如毛汉光的《魏博二百年史论》（《中国中古政治史论》，上海书店出版社，2002），杨志玖的《试论唐代藩镇割据的社会基础》（《陋室文存》，中华书局，2002），张国刚的《唐代藩镇研究》（湖南教育出版社，1987），等等。这些文章和论著或认为五代政权由职业军人构成，或认为职业军人集团又主要来源于社会游民，重点都在于武人这一方面。这些研究成果在先，《祖宗之法》似乎没有必要再重复这一论题，而只是否定了这个武人集团中的民族色彩，将笔墨着重放在文吏集团在政权中的兴起。这个环节十分重要，因为长期以来，人们习惯于将五代政权理解为一个单纯的武人政权，这就容易将宋初重用文官作为对五代政治的一种反动。其实武人与文吏的结合过程，是在五代时随着士族分子的消退而逐步完成的。宋初对文官的任用，只是五代政权集团内部文武交汇结构的充分展开而已，任用文官的主体其实还是武人。从这种意义上讲，长期以来被认为是宋代政治史一个常识的“重文轻武”的观点，似乎应该得到修正。

虽然在《祖宗之法》之前，已有学人反复强调中晚唐、五代乃至北宋初期应该作为一个整体来研究，但只有《走出五代》这样深入历史的细致描述，才使五代史学与宋初史学真正地融为一个整体，而不再是简单地将两者绑在一起。第三章是第二章的自然延伸，首先讨论宋朝的建立，赵氏变家为国，从军阀转变为君主，作者通过赵匡胤这个军阀对君主新角色的适应，再次点明了宋代政权集团的武人背景。接着是宋代政治史老生常谈的“收兵权”问题。在一般的宋初政治史叙述中，几乎没有例外的讲到宋朝收兵权，然后将中央和地方的行政权力交给文官，从而很自然地得出“重文轻武”的结论。而在《祖宗之法》中，作者的叙述策略改变了，“用读书人”在前，而“收兵权”在后。这样一来，逻辑顺序就颠倒过来：本来是将权力交给文官，似乎是重文；现在是将兵权收回君主，却似乎不是轻武，恰恰相反是重武。关于“重文轻武”问题，作者在第二章有所讨论，认为重文轻武只是“就文武官员相对地位而言”，收兵权则只意味着“制武”“驭武”，而不可能是“轻武”。也就是说，从君主的立场说法，传统“重文轻武”的说法应该颠倒过来，因为君主只可能将不重要的权力分出去，而将重要的权力收到自己手中。

二

宋代的“祖宗之法”，是一实一虚的两个概念。实在的“祖宗之法”，是指太祖、太宗两朝的政治取向，或曰政治的核心理念。关于这部分，《祖宗之法》在第三章的最后一节做了专门的论述，指出赵宋“祖宗之法”的实质是“事为之防，曲为之制”，讲得简单点，就是政权稳定至上的实用主义政治理念。这当然并不是全新的观点，邓著的意义在于将这种实在的“祖宗之法”深入到五代政治的历史情境中，揭示了祖宗之法与宋朝政权集团的内在关系，深化了对宋初政治取向的理解。而在太祖、太宗朝之后，“祖宗之法”就由实在的政治取向与制度创置，转变为一种虚构的政治理念，一种政权合法性的来源，一种供统治者利用的政治资源，这是虚构的祖宗之法，也是政治文化意义上的祖宗之法。《祖宗之法》的第四至六章，就是对真宗朝以来统治集团内部对这种政治资源争夺与利用的描述。

在世袭的皇帝制度中，真宗无疑是继承了太祖、太宗的政治遗产而承接大位，因此真宗初年“遵先朝成宪，守祖宗基业”是再自然不过的事情。对于真宗来说，祖宗的功业与成宪，既是政治合法性的来源，又是政治稳定的保障机制，更是真宗政治行为的典范。问题在于，真宗接着玩弄了一套天瑞祥符、神道设教的把戏，那么真宗神道设教与祖宗之法的关系如何呢？这是《祖宗之法》向宋代政治史提出的新问题。

作者认为，首先真宗的神道设教并非心血来潮的宗教冲动，而是由祖宗之法提供的政治合法性或政治权威产生动摇后的改弦更张，是“重新构建其至高无上的人间权威”的政治大事件（第313页）。这种行为，其实是对作为政治合法性的“祖宗之法”的超越与贬低，所谓“神祇降监，亦以扬祖宗之烈，当钦承而宣布之”，正是将祖宗政治权力的来源归于神祇。这是宋代政治史中第一次对“祖宗之法”的超越或反动，其主体是皇帝。

其次，真宗的神道设教，造成了他与文吏集团之间严重的政治紧张，即使像王旦、寇准这样附和真宗的大臣，内心也不无抵触。但是作为臣子，文吏们并没有直接限制皇帝行为的权力，于是他们将“祖宗之法”作为一种政治行为的准则，并通过他们对“祖宗之法”的解释来限制皇帝的行为。这是宋代政治中第一次有意识地利用“祖宗之法”的政治权威，其主体是官僚集团。到仁宗朝，官僚集团更是有系统地利用“祖宗”的政治权威，阐述了一整套所谓的“祖宗之法”作为宋朝政治的原则，并且通过相当规模的“祖宗之法”书籍（故事、《宝训》与《圣政》）的编撰，十分有效地确立了官僚集团在宋朝政治结构中的地位，最终形成了皇帝“与士大夫共治天下”的理念和政治格局。因此，《祖宗之法》的第四、五两章，可以说是文吏集团对“祖宗之法”政治资源的阐述和利用史。

庆历新政时，新政派仍然利用“祖宗之法”的政治资源为其政治行为提供合法性，“不仅是新政派复振纲纪的楷模，也是他们主观上保护自己的屏障”（第426页）。但到熙宁变法时，官僚集团明显地分为两派，司马光继承了之前官僚集团的做法，继续利用“祖宗之法”的政治资源，要求“约前代帝王之道，求今朝祖宗之烈”；而王安石则要求超越祖宗之法，以“先王之法度”作为效法的目标。这里作者敏锐地抓住了司马光与王安石对于“祖宗之法”态度的区别，其实是点到为止地揭示了宋朝“祖宗之法”之外，另一种政治文化传统的兴起。其实王安石与宋真宗一样的，都要求对“祖宗之法”这种政治文化有所超越或反动，只不过王安石所立的是圣王之政，而真宗所立的是神道设教，王安石是臣子，真宗是君主。但王安石另立的政治合法性来源，具有深厚的儒家文化的渊源，在南宋及以后将产生持续而深远的影响，这是真宗神道设教不可比拟的。《祖宗之法》其实明确提出了王室的“祖宗之法”与儒家的“圣王政治”关系的问题。可惜这个命题超出了该书讨论的范围，作者无意对于王安石“祖宗之法不足法”、要求效法“先王法度”的政治文化内涵作进一步的发挥。

紧接着关于“绍述”的相关叙述中，作者再次深化了相关的问题，那就是哲宗、徽宗两朝，他们既没有传承王安石的政治理想，也没有恢复“祖宗之法”的权威，而是专一“继述”神宗之政，从而拉开与祖宗之法的距离，架空了祖宗之法（第445页）。这里作者敏锐地发现了“祖宗之法”与“儒家理想”之外的第三种政治文化，由于神宗之政在南宋仍有影响，因此这一环节也不可或缺。

在这三种政治文化源流之外，真宗朝的神道设教在徽宗朝也有重建，这种传统即使在南宋也仍有影响。因此可以说，作者的历史虽然紧紧围绕"祖宗之法"这个设定的命题而展开，不枝不蔓。但在讨论"祖宗之法"的过程中，已经点到为止、敏锐而深刻地揭示了两宋政治文化史的复杂性，将宋代政治研究推到了一个新的高度。可以预测，《祖宗之法》揭示的两宋政治文化的复杂关系，可能成为今后宋代政治史研究的热点问题。

三

最后想简单地谈谈《祖宗之法》的研究策略或叙述策略。作者在序引中明确地提出了关注"过程、行为、关系"的政治史研究策略。关于这种研究策略的意义，作者已经说得十分明白，这里不再重复。笔者阅读全书的感受是，这部作品得力于过程和行为的清晰描述，错综复杂的关系往往不论而自现。比如说第二章《走出五代》，其实是对五代宋初政权集团的完整描述，但全书很难找到关于这个命题的确切说明；

又比如第四章有关神道设教的问题，第六章有关祖宗不足法的问题，其实都包含着不同政治文化之间消长的重要命题，但作者全都是点到为止，不作特别的论述。总之，《祖宗之法》基本上处于一种述而不论的状态，全书几乎没有采用任何现代的政治学概念，而是围绕研究对象“祖宗之法”追根溯源，层层剖析。

本文认为，这样一种叙述的策略，无疑增加了读者阅读的难度，初读之下，可能不易把握。但这种策略也有其明显的优势，首先是最大限度地避免了史实沦为论点工具的可能性；其次是在过程的描述中，极大地扩展了论点的丰富性，因为各人观察问题的角度不同，同样历史过程可能形成不同的论点，述而不论其实是为各种论点提供了可能，是一种更为开放式的著述策略。至于现代社会科学概念在史学中的应用，是史学工作者把握历史的内在关系的一种工具。摆脱了现代概念的史学叙述，不但避免了概念中可能包含的先入为主的解释模式和价值倾向，更使得在具体的历史情境中把握历史发展的内在关系成为可能。不过这种尝试，非功力深厚之史家不敢为之。

君主的生活与政治的动力[①]

——评方诚峰《北宋晚期的政治体制与政治文化》

方诚峰兄的《北宋晚期的政治体制与政治文化》（北京大学出版社，2015，以下简称“方著”）提出诸多新颖的分析与观点，引起宋史学界多方面的关注。虽然有不少问题值得商榷，但方著对重启宋代政治史研究、深化北宋晚期政治史的议题，无疑有推动与促进之功。政治史，特别是制度史，本非笔者所长。然而拜读方著，既多有启发，又难免困惑，故不揣谫陋，略抒浅见，以求教正。

① 原题《君主个人生活的政治呈现与政治根本动力的迷思》，原载《中外论坛》2020年第4期。

一

方著前言对“政治科学”的探讨，容易造成对正文理解的干扰。相对而言，对前言并无直接回应的“结语”，更容易帮助读者把握全书要旨。根据最后的归纳，方著围绕“政治文化”与“政治体制”提出两个主要观点：

其一，熙宁变法以来“士大夫”提出的一系列“理想政治设想”或“意识形态”事实上无法在实际政治中落实，结果“原初政治理想的异化”导致“党争”、徽宗朝神道设教等政治衰败现象，“支持熙丰变法及一系列后续政治变革的‘意识形态’已经达到了自身影响力的极限，这就是一种政治危机”（第279—280页）。

其二，梳理熙丰以来不同时期政治中枢的权力结构，包括熙宁中书体制、元丰三省-枢密体制、元祐垂帘体制、哲宗二府制及徽宗公相体制，提出其中包含北宋两种最终归于失败的君主“理性化”的模式，即“尧舜之君”与“神性君主”，进而认为“皇权”在不同权力构造中的地位随时调整，难以确定（“最后的不确定项”）（第281—282页）。

综合两方面的议题可以发现，方著的核心议题是讨论北宋晚期政治如何走向衰败。新颖之处在于，方著放弃通常以变法、党争等主要脉络的政治史叙述，另辟蹊径，提炼出一系列独特的议题。

二

第一章《元祐政治路线的确立》，讨论司马光的政治立场及高氏的垂帘体制。与一般历史叙述中司马光厚重君子、谋国重臣的形象有所差别，方著的司马光形象多少显得怪异（“异类”，第7页）。第一节“从元丰到元祐”，观点十分新颖，认为矢志不渝激烈反对新法者唯司马光一人而已，多数人对新法“持相对温和的态度”。某些著名的反变法臣僚，如苏轼，在地方任官时仍推行新法，甚至相当程度接受新法。而司马光当时在洛阳修史，脱离实际政务导致他脱离实际地反对变法。

这样的观点，恐怕与哲宗、徽宗朝的司马光“奸党”论也相去不远。绍圣、崇宁的政治路线，以及当时的“奸党”论，无疑以确认熙丰年间新法顺利实施、成效显著为前提。方著指司马光为“异类”，指苏轼因接受“实践教育”而“不能完全抵制新法”，言下之意，新法在熙丰期间并未遭到严重抵制，史籍中新法弊端四起，只是反变法派的一面之辞甚至恶意诬蔑。

这些论述在全文篇幅甚小，却十分关键，由此牵扯的问题也非常复杂：（1）新法是否顺利实施，兴利四方，弊端甚微？——这是方著避谈的话题，可以暂且放过。（2）地方官抵制新法是否并不激烈，甚至只是假象？史籍所载激烈反变法舆论与事实到底有多远？（3）地方官执行新法，是否意味着他们拥护新法？执行新法与反对新法，两者关系如何理解？

讨论这些问题，可从方著所引苏轼论鲜于侁入手：

是时新法行而公（鲜于侁）平心处之。苏

子瞻以谓："上不害法，中不伤民，下不废亲，为三难云。"人以为知言。[①]

除了鲜于侁，另一位反变法但执行新法的代表人物是熙宁年间已经去世的韩琦。韩琦罢政后，几乎抓住一切奏议机会，不厌其烦地发表反变法（主要针对青苗法）的坚定言论。但当时韩琦仍有地方职务，作为三朝重臣、两朝顾命的元老，他是否可以拒不实施新法呢？宋神宗既未采纳韩琦反对青苗法的意见，御撰神道碑对此只字不提也不足为奇。但在受到宋神宗特别赏识的李清臣所撰韩琦行状记述：

时方推行常平法，公言："朝廷下令，以百姓不足而兼并之家乘其急以邀倍息，故贷予以赈其阙，有合于先王散惠兴利之法。今郡县欲收子钱，异令意。"遂与条例司章交上。乞守徐州，不许。初，法下，公曰："某老臣也，义不敢

---

① 范镇：《鲜于谏议侁墓志铭》，《北宋晚期的政治体制与政治文化》，北京大学出版社，2015，第7页。

> 默。”及不听，晓官属亟奉行，曰：“某一郡守也，其敢不如令。”①

韩琦反青苗法的奏议连篇累牍，行状对此轻描淡写，反而强调韩琦“某一郡守也，其敢不如令”的守法姿态，并因此赞美韩琦对朝廷的忠诚。那么根据这段记载，韩琦对变法的态度，究竟是像司马光一样坚决而激烈？还是“持相对温和的态度”，如鲜于侁那样“平心处之”？甚或如苏轼那样接受了社会实践的教育而开始认同新法呢？甚至可以联想，韩琦如果有机会重新当政，是如司马光那样尽废新法，还是老成谋国，温和地局部调整新法呢？这是无从讨论的假设性问题，但鲜于侁、韩琦两个例子至少说明，激烈反变法的政治立场与任地方官时“上不害法”未必直接冲突。

由此而论，方著认为，除“异类”司马光以外，更多人对新法持温和态度，其贡献在于重新审视史籍

---

① 李清臣：《韩忠献公琦行状》，《全宋文》卷一七一七，第79册，第49页。

的诸多掩饰与误导，至少揭示出多数反变法派官员在地方守法、执行新法的事实。确实，熙丰年间新法可能一度顺利推行，随着王安石的罢政、元丰年间宋神宗亲自推行新法，反变法的声调很可能已经降低，如果不是宋神宗早逝，司马光激烈的反变法姿态甚至会被彻底边缘化。但另一方面，反变法舆论的式微，新法的顺利实施，并不能直接论证新法本身的合理性，也不意味着新法没有造成激烈的政治或社会冲突。新法的成败得失，也不能因为只有“异类”司马光一人反对而置之不论。

三

神宗去世，北宋政治朝着高氏与司马光结合的元祐体制演进。方著紧扣这条线索，指出司马光是“异类”的同时，开始讨论高氏垂帘的特殊体制。重视元祐政治体制的潜在危机，是方著的重要贡献之一，但方著似乎认为元祐危机是一场意外的错乱。

方著认为，司马光政治主张不合时宜，以及高氏统治权力的脆弱性，是元祐体制及元祐路线迅速被颠覆的主要原因。问题是，假设多数臣僚对新法的态度相当温和，高氏过度倚重作为“异类”的司马光构建元祐体制，岂不是主动将自己置于统治的险境？其实，延续神宗朝的新法显然无助于高氏掌握统治大权，起用反变法派对高氏是势在必行。而“以母改子”本已触犯传统政治伦理，高氏生前却未遭遇严重统治危机，这正说明反变法立场在臣僚中有深厚基础，元祐体制所依赖者绝非司马光一个异类。至于元祐路线的颠覆，可能只是最高统治者再次更替的常态，并无神秘可言。

北宋晚期政治的最终衰亡，导致后来的史籍肆无忌惮夸大新法弊端及反变法力量，对此有所警惕与质疑，是重新讨论这段政治史的必要前提，也是方著的重要贡献。但这并不意味着反变法派政治力量的消逝，高氏与司马光的元祐体制也不可能脱离于实际的政治冲突，仅作为“过渡”的政治体制与“异类”的政治主张就注定失败。

四

第二章《元祐政治的展开与危机》，方著的描述比一般政治史更加精细。但这些内容仍属于一般的权力斗争与整合，方著却刻意否认：

> 前人将元祐政治纷争理解为实际政治集团间的针锋相对，各集团有其核心利益，但实际上没有任何人可以顺利地建立严整的集团阵线。在笔者看来，研究北宋中期以后的政治，“名”有时候比“实”更为重要，价值观、权威比现实利益是更贴切的入手点。（第81页）

这里方著指出今人研究古代政治史的一大弊病，即以现代政党的观念来理解古代的权力斗争。问题是，没有所谓的“严整的集团阵线”，只是意味着古代“党争”并非现代“政党”的竞争，权力斗争更多体现为君主–官僚体系中个人与团体的权位之争。方著的纠偏自有其价值，但这种批评更多意味着转向更加传统的政治史分析方法，提出“名”“实”关系、“价值观”“权威”之类政治史的新词汇、“新观念”，却给人故作标签的印象。

第二章第一节第一目“苏轼与程颐”以及第二节第四目“主流政治文化”，集中体现方著“政治文化”的新观念。一般而言，讨论北宋中后期政治格局，王安石、司马光、苏轼、程颐四人的政治思想分歧是绕不开的课题，包弼德的《斯文》就有第七章《为了完美的秩序：王安石和司马光》、第八章《苏轼的道：尽个性而求整体》、第九章《程颐和道学新文化》这样规整对峙的篇章结构。[①]方著令人困惑之处在于，只安排专门章节分析“司马光的政治主张”（第一章第二节），但在讨论苏、程之争时，完全略去政治思想（主张）的讨论，不知是被排除在“政治文化”范畴之外，还是不愿老生常谈的缘故。但方著不是不谈苏、程的政治文化，而是另辟一套独特的

① 参见包弼德《斯文：唐宋思想的转型》，刘宁译，江苏人民出版社，2001。

"政治文化"脉络：

> 综上所论，在元祐政治中，真正能说明问题的不是苏程（或洛蜀）相互之间的矛盾，而是他们二人为什么共同成为批评、警惕的对象。这不是洛蜀朔党争、元祐党内部分裂这样的说法能够解释的，而是一种流行的政治情绪的反映：在王安石及其变法的参照下，"安静"成为一种主流的政治追求；而对"安静"威胁最大的，就是苏轼、程颐这两位文宗、儒宗，他们与王安石的相似性是如此地明显。（第68页）

个人以为，这段表述有三个问题：

（一）以某种政治情绪（所谓"安静"）为理由，轻易地将政治人物的思想体系虚无化。一般而论，不同的政治利益产生不同的政治观念与思想体系，不同的政治思想导致不同的政策主张并引发政治冲突。方著所述等于全盘否定这样的政治史常识，宣告政治冲突的根源仅在于某种"政治情绪"。（所谓的“价值观”？）然而，即便“政治情绪”提供了某种政治史研究新视角，也不过是因政治斗争而形成的、稍纵即逝的政治氛围，在特定的政治环境中可能成为有效的政治修辞。这种“政治情绪”理应从属于具体的权力斗争，而不至于演变为主导政治方向的力量吧？

（二）作为一种政治斗争的修辞术，“安静”之类政治情绪的真实形态也需要仔细分辨。换言之，王安石的变法，或者苏、程的政治主张，是否就意味着不“安静”？“安静”在当时是否真的“成为一种主流的政治追求”？以“安静”来否定王、苏、程的政治派别，是否真的在政治上追求“安静”？追求什么意义上的“安静”？这些可能都是变幻无常、难以捉摸的议题。假设“安静”确实是当时重要的政治修辞，就很难想象苏、程两人就把自己放在“安静”的对立面。元祐六年（1091）苏轼上言：

> 臣闻朝廷以安静为福，人臣以和睦为忠。若喜怒爱憎，互相攻击，其初为朋党之患，而其末

乃治乱之机，甚可惧也。臣自被命入覲，屡以血恳，频干一郡，非独顾衰命为保全之计，实深为朝廷求安静之理，而事有难尽言者。[1]

这段记载至少说明，“安静”是各派党争通用的政治修辞，将苏、程的政治取向理解为“安静”的对立面，以此解释苏、程之争及其政治败退，恐怕没有充分的依据。

（三）从史料分析的角度而言，还涉及“安静”的政治修辞，究竟是元祐年间政治斗争的重要武器，还是日后历史记述的刻意强调、有意扭曲，甚至干脆是某种“发明”呢？事实上方著引用的各种对苏、程的攻击之词中，并未直接出现“安静”一词，“安静”似乎只是对“奔驰权利”之类批评的主观理解。通过检索也不难发现，虽然“安静”一词在元祐年间频繁出现，但贯穿于整部《长编》，并非北宋晚期特有政治词汇。

① 《续资治通鉴长编》卷四六一，“元祐六年七月癸亥”条，第11019页。

五

第二章在“政治文化”议题上还有另一个发明，即认为由于仁宗朝以来高调的理想主义已经成为北宋的主流政治文化，“先王之政、大有为之政，成为笼罩北宋晚期政治实践的强势主流观念”，元祐时期，司马光、高氏力图“安静”的政策路线无力抗衡，因此无法避免元祐以后政治再次迅速变局（第101页）。这段论述似乎要把司马光放到追求“安静”的异类位置上，成为“先王之政、大有为之政”的对立面，但论证这个观点的依据，似乎只是一次关于郊祀方案的争议。

稍作回顾不难发现，在更著名的英宗朝“濮议”中，正是司马光扮演着理想主义的角色，他的对立面韩琦、欧阳修倒更符合“安静”之政的标准。再往前推，在庆历新政中，韩、欧都属于“大有为之政”的范仲淹阵营，欧阳修还是发表《朋党论》的极端不“安静”分子。由此可见，政治姿态可能随时局与权位的变化而不断调整。司马光的政治思想与王、苏、程等各家固然有明显差异，但作为庆历新政之后成长起来的北宋士大夫，将两者置于“安静”与“大有为之政”两种对立政治情绪的谱系中，恐怕难以让人接受。

六

如果撇开“政治文化”的独特议题，回到权力斗争的层面上，方著的论述显得相当精细，特别是总能提出某些关键议题，包括元祐之政为何在司马光与高氏去世后迅速翻盘？哲宗亲政如何展开？等等。

这些议题占据方著第二、三章的主要篇幅。特别是第三章第一节的二、三目“皇后：从孟氏到刘氏”“疾病、子嗣与臣僚”，将后宫、健康、人际关系等个人生活直接纳入主流政治史的脉络，以更细密的事件勾连起政治演变的线索。比如关于皇后的废立：

> 从孟氏之立、废至刘氏之立，赵煦很清醒

> 地意识到，孟氏是元祐士大夫心目中理想秩序的一部分，因此皇后的废立，在感情上虽是自己的选择，但关键是自己与士大夫关系如何处理。从孟氏到刘氏，深刻说明了赵煦的矛盾：一方面他抗拒士大夫将其生活“上纲上线”的意图；另一方面他极为忌惮士大夫理念的压力，因此经营、等待了多年。（第118页）

这段论述对哲宗从个人生活的角度剖析政治局势走向，在中国传统政治史叙述中并不多见。又如对哲宗健康、心情变化的描述：

> 元符二年八、九月间，大概是赵煦一生心情的顶点。九月八日皇子满月，降制册立刘氏为后，再加上对西夏、青唐战事的进展，正如曾布所说：“朝廷庆事何以如此！”在这种气氛下，赵煦的健康也有好转的迹象，曾布在日记中提到，八月十八日，宰相章惇“是日不复问圣体”。进入九月以来，曾布日记中很少提及赵煦

的病情。（第121页）

哲宗亲政前后气质神情的变化：

曾布笔下的赵煦也是一个充满幽默感的皇帝……在元祐时期，臣僚在形容赵煦时，用得最多的词就是“渊默”或者“恭默”……（第123—124页）

还有在讨论臣僚选择时，方著会留意私人关系层面：

高氏之所以选择司马光等人，也是出于他们与其夫英宗的历史渊源……（哲宗）以自身的历史渊源用人——实际上是其父的渊源。（第126页）

将个人生活纳入政治史的主要脉络，其主要意义并不在于叙述的生动化，而是深刻揭示出君主个人生活对政局演变的决定性影响，使政治史的研究大幅度地贴近实际的政治运行过程。

不过第三章第二节《“文字”与新旧问题的“终结”》，在方著或许又是“政治文化”的一种发明，其实也是权力斗争的某种表现。方著称“北宋中期以来‘一道德’的呼声与政治现实结合，逐步异化为政治上的清洗，也为思想整肃提供了士大夫所能接受的旗号”（第143页），这从权力斗争的角度理解似乎无甚新意。而如果方著是认为“一道德”的呼声已经演变为各种政治势力无法控制的“异化”力量，政策选择因卷入“一道德”的魔咒而失去理性，就难免言过其实。

七

第四章《徽宗朝的权力结构》讨论公相、御笔等制度，对构造制度的权力结构与事件进程的梳理相当精细。但由此讨论“独裁”“皇权”问题，可能受到某些既有观点的影响，有时会出现一些没有必要的表述。比如认为“御笔”主要是一种“政治姿态的表达”：

> 强调徽宗自己与所谓“圣治”或曰“盛世”之间的联系，而不是要万机独断、主威独运。（第187页）

这种表述似乎暗示“圣治”“盛世”与“万机独断”“主威独运”相互冲突，但两者难道不是互为因果吗？

第五章《徽宗朝的“应奉”》同样非常精彩，指出“应奉的主要动力不在于徽宗或宫廷的生活享乐之需，而是自其登基以来在东京城展开的种种建筑工程、礼乐工程”这一以往似乎刻意轻描淡写的基本事实。进而指出：

> 靖康之难以后，在成王败寇的史观之下，出于史鉴之需，徽宗被描绘为一个穷奢极欲的帝王，因纵欲无度而导致王朝的灭亡，在这种情况下，“应奉”也多被理解为供帝王之个人生活私欲，而不是王朝政治之表现形式。（第212页）

这确实直指旧史之失，问题是建筑工程、礼乐工程与“帝王之个人生活私欲”是否存在清晰的界限？宋徽宗“穷奢极欲的帝王”形象确实是史书的刻意制造，但另一方面也没有证据来说明徽宗不是“穷奢极欲的帝王”，而“土木工程及礼乐器物的制作”，乃至由此构建的“圣君”的文化权威，未必不是一种更“高级”的生活私欲与穷奢极欲。因此这两章的贡献，恐怕仍在“政治体制”而非“政治文化”方面。

八

第六章《道教、礼乐、祥瑞与徽宗朝的政治文化》提出两个重要观点。第一，任用“道家者流”，即一系列道教方士，“主要并非徽宗君臣的信仰需求，而是政治需求”。这应该是针对传统史学及伊沛霞等人观点。[①]传统往往将徽宗崇道与“个人生活私

① 参见伊沛霞《宋徽宗：天下一人》，韩华译，广西师范大学出版社，2018。

欲”联系在一起，西方学者伊沛霞则试图将徽宗理解为虔诚的道教徒，但事实上帝王的宗教诉求从来都有明确的政治意义。

方著进而提出，宋徽宗出于政治需求的崇道，其根本动力在于儒学复兴运动的刺激与异化，而不是道教政治文化本身的构建。方著的逻辑是，徽宗对神秘主义的政治资源产生了强烈的需求，但由于北宋以来的儒学理性化运动，“神秘论在儒学当中逐渐被摒弃了”，宋徽宗不得不从道教中寻求政治形象工程的神秘主义资源。方著还由此否认徽宗致力于建设一个“政教合一”的政权，理由是宗教方面“道家者流”没有形成一致的宗教追求，政治方面则是因为“政权与宗教的区分是清晰、严格的”，“教主道君皇帝”这一称号“只可教门章疏用，不可令天下混用”（第277页）。

这些论述的贡献在于，不再以个人的宗教迷信来理解宋徽宗的崇道运动，揭示了宋徽宗崇道的重大政治文化意义。但有些解释可能存在误区。首先，由北宋以来儒学的理性化运动、神秘论在儒学中被摒弃，推导出徽宗崇道的根源在儒学神秘论缺失的替代，这在逻辑上是无法成立的。就好比劫匪放弃了最早出现但无财货在身的第一批客商，而打劫财货满载的第二批客商，于是认为第一批客商无财货在身是第二批客商被劫的原因，而取消了劫匪在打劫行动中的主体地位。方著的逻辑就是默认君主只能选择儒学作为政治文化构建的依据，取消了宋徽宗选择政治文化的主体地位，似乎帝王的政治行动只能在接受和抗拒儒学复兴运动之间展开，存在着儒家本位的倾向。

其次，否定宋徽宗崇道运动的“政教合一”的性质，可能是对“政教合一”概念的理解过于狭隘造成的。政教合一有不同的形式，宗教领袖与国家元首同为一人是其中最显著的特征。在此前提下仍分不同情况：一是直接以宗教教义治理国家，世俗政权依附于宗教组织；二是同一人作为国家与宗教的最高统治者，分别领导世俗政权与宗教组织。此外，如果国家确定某种宗教为国教，世俗政权的统治者虽然并不兼任宗教领袖，但宗教领袖必须服从世俗统治者的领导，一般也可以理解为政教合一政权。因此宋徽宗自称“教主道君皇帝”，无论如何也是典型的政教合一。而如果把“政教合一”的“教”宽泛地理解为“教化”，只要皇帝自称为儒学领袖，甚至只是将儒学确立为国家正统思想，都可以宽泛地理解为“政教合一”。

方著指出徽宗的道教政治文化具有回应儒学复兴运动的一面，这固然十分重要。但不能因此否认道教政治文化的内在意义及对徽宗朝政治的实质影响，否则就无法解释徽宗为何偏偏选择道教，而不是佛教或者回归到更具神秘主义的儒家文化。事实上，徽宗的确尝试过形式化的儒学体系，编制《政和五礼新仪》（《大观五礼》）就是他重建政治文化体系的一次重大尝试。他为此投入大量的精力，但效果并不理想，并由此转向道教。如果承认徽宗崇道是他不断试错之后的选项，就应该注意到徽宗朝对政治文化资源的选择自有其理性的一面。相对于北宋以来的儒学理性化运动，徽宗崇道的根源恐怕并不只是他对神秘主义的神秘偏好。既然徽宗崇道是重大政治事件，而非个人宗教信仰的问题，就理应考虑崇道背后“理性”的政治考量。从君主抵御士大夫政治文化权威的角度讲，“道”的概念十分便于置于儒家思想体系的源头与顶端。就现实条件而言，道教在北宋既有深厚的政治传统（太宗、真宗），也有广泛的社会基础。此外，将北宋末年的军事灾难归结于徽宗个人的荒淫的确过于儿戏，但与徽宗崇道似乎不无关系。至少开封城被攻破的直接原因——郭京六甲神兵，就属于纯粹的道教行动。

总之，从政治文化的角度讨论徽宗崇道十分有益，但无视道教本身的政治文化意义，未免显得过于“士大夫”意气了。

九

如果把涉及政治文化的部分剔除，仅凭占据主要篇幅的以权力斗争为核心的政治史叙述，方著称得上具备深刻的政治洞察力，分析方法相对传统但十分老练，对政治事件与制度史的描绘与剖析也是精彩纷呈。而将君主个人生活的角度纳入政治史叙述的主要脉络并做出恰如其分的分析，至少在国内宋代政治史研究中有开创之功。

但在前言中，方著开宗明义地质疑作为“权力斗争史或利益争夺史”的政治史，而宣称政治“背后的根本动力在于政治体制与政治文化的变化”（第1页），就难免令人困惑。方著并没有明确交代，所谓“权力斗争史或利益争夺史”究竟指哪些政治史著作。私下推测，其针对的目标，可能专指基于阶级立场的政权争夺，以及书中偶然明确提到的“政治集团”论。但因为质疑这些研究而将“权力斗争史或利益争夺史”一概否定，似乎有所不妥。毕竟，“权力斗争”与“利益争夺”是现代政治最基本的“权力”理念的具体表现，对此有所质疑，意味着挑战现代政治的基本理念——如果确实有这样的雄心，个人自然特别欢迎，但方著并没有涉及这样的命题。这种情况下，含糊、笼统地否定“权力斗争史或利益争夺史”的“政治文化”或“政治体制”就变得难以理解：超越（脱离）“权力”或“利益”而谈“政治文化”“政治体制”，等于是阐释某类传统政治理念，大失现代历史学的趣味；而将“政治文化”“政治体制”视为“权力斗争史或利益争夺史”的手段或表现，前言的论述就显得并无必要——方著显然属于后面一种情况。

最后，关于“政治文化”，前言似乎有明确定义：“一是政治理论或主张……二是政治理想与口号……三是在上述主张、口号影响下的政治情绪或取向。”（第2页）这些“政治文化”的定义或许都可以成立，问题是在没有系统梳理的情况下，在其实是“权力斗争史”的脉络中，时而阐释“政治理论或主张”，时而讨论“政治理想与口号”，时而旁及“政治情绪或取向”，个人认为无论如何也难逃选择性论述的嫌疑，并使所谓的“政治文化”重新陷入概念不清的泥潭。事实上，“政治文化”本来就有灵动不确定的一面，即使围绕“祖宗之法”“国是”“皇权”这样的核心概念展开严密论述，[1]有时仍让人感到难

① 参见邓小南《祖宗之法：北宋前期政治述略》，生活·读书·新知三联书店，2006；余英时《朱熹的历史世界：宋代士大夫政治文化的研究》，生活·读书·新知三联书店，2004。

以把握，如方著这般灵活多变使用“政治文化”概念，总让人感觉缥缈。

对于“政治体制”，通常可以理解为权力关系的制度性安排，构成政治行动的外在条件，方著则将其处理为权力关系不断调整的必要手段与机制。方著的政治体制研究比较充分地体现了邓小南“活”的制度史的理念。问题是，如果政治体制确实可以理解为权力的工具，制度也就降格为政治研究的特定视角而非必由途径，其在政治史中的本质地位就将随之消解。那么制度作为政治行动外在条件的预设是否可以就此忽略？制度是否具备政治行动无法触动的规定性？如果没有，制度延续性的依据何在？如果有，其根源何在？制度是否可以分为权力的“外在条件”与“利用工具”两种不同的属性来理解，如果是，这是一体两面，还是从属于制度的不同内容、不同层面，两者的关系又如何理解？方著似乎没有来得及处理由他的“政治体制”分析方法而遗留的各种问题。不过作为一个研究案例，方著对作为权力工具的政治体制的分析相对比较成功，只是其局限性也比较明显，即最终提出的解释相当模糊，或者说是否定性的：

> 皇权，或者说是君主这个位置，是宋王朝这个政治体当中最后的不确定项，试图从中概括出皇权的某种固定趋势，无论在权力的技术层面还是观念层面，都是难以成立的。（第282页）

这确实是有相当洞察力的结论，但究竟如何理解皇权，方著不得不寄望于“未来的研究能超越权力大小测定的思路，深入以皇帝权力的组成、性质、资源、运用方式，进而对中国古代王朝体制的内涵有贴切的认识”，而试图了解未来研究将会有何突破，似乎仍需耐心等待。

十

方著出版后，有不少值得商榷的意见。比如对司马光的政治表现或政治主张，比如对元祐政治衰亡的原因，赵冬梅、林鹄、朱义群都有专文讨论。[①]而近期出现的更年轻一辈宋史学者的政治史论著，或者围绕权力斗争更加成熟、精深地展开事件史与文本的分析，或者更加系统地梳理剖解特定政治阶段的政治话语。[②]一部论著能对学界有所启发与刺激，自是其学术价值的明证。至于如何更好地梳理政治文化与权力斗争的纠缠关系，探索更加系统、清晰的宋代政治史分析构架，仍需更多同人不断探索，借此也与方诚峰兄共勉。

---

① 参见赵冬梅《和解的破灭：司马光最后18个月的宋朝政治》，《文史哲》2019年第5期；林鹄《也说司马光之政治主张》《宋哲宗即位初的政局》，《隋唐辽宋金元史论丛》第九辑、第十辑，上海古籍出版社，2019、2020；朱义群《"绍述"压力下的元祐之政——论北宋元祐年间的政治路线及其合理化论述》，《中国史研究》2017年第3期；朱义群《继志、国是与党祸：北宋哲宗朝"绍述"论分析》，邓小南等主编《宋史研究诸层面》，北京大学出版社，2020。

② 参见李超《南宋宁宗朝前期政治研究》，上海古籍出版社2019；王启玮《范、吕党争与北宋政治文化的转型：基于政治修辞的考察》，《中外论坛》2020年第1期；杨光《政治过程与历史书写——景祐三年范仲淹被贬事件发微》，《北京社会科学》2019年第12期。

权力与书写的游戏①

——评李超《南宋宁宗朝前期政治研究》

一

权力斗争、典章制度、政策得失，构成传统中国政治史叙述的三种主流脉络。近代西方史学观念的引进，又使社会结构、意识形态、阶层与集团、过程与空间等，成为政治史研究的重要议题。政治史容易流为当下意识形态的阐释，这虽然是古今中外难以避免的正常现象，但现代专业史家毕竟追求在价值中立的基础上探讨政治运作的构造。自陈寅恪《唐代政治史

① 原题《权力的游戏与书写的祛魅——评〈南宋宁宗朝前期政治研究〉》，原载澎湃新闻网·私家历史，2020年8月25日。胡潮晖对本文撰写有贡献，整理书稿时有所增补。

述论稿》以来，中国古代政治史研究已然进入现代史学的范畴。但在历朝的政治史研究中，宋朝是非常特殊的例外。

陈寅恪号称“平生为不古不今之学，思想囿于咸丰同治之世，议论近乎湘乡、南皮之间”。以传统士大夫自居的陈寅恪，治史时段涵括隋唐以前及明清之际，唯于特别推崇的两宋政治文化罕有著述，恰可以理解为现代史家对意识形态局囿的自觉规避。这一微妙的“陈寅恪现象”，昭示着宋代政治史研究的特殊困难——宋代文献相当程度上是宋儒的意识形态阐释，近现代中国学者政治观念五花八门，而人格仍多受宋儒影响，宋儒意识形态成为宋代政治史研究或有形或无形、难以逾越的障碍。

综观现代宋史诸家：独具现代史识的张荫麟讨论宋朝开国规模，重新探明“斧声烛影”等谜案，尚未在传统权力斗争、典章制度、政策得失范畴之外开创全新局面；邓广铭在制度考证之后，重点研究民族英雄与改革家，无不具有深刻时代烙印。及至20世纪80年代以来，重新接受海外唐宋变革、权力限制等观念的影响，宋儒精神既被神秘赋予现代政治学意味，又契合中国文人的士大夫情结，士大夫政治论遂成为宋代政治史主流叙述模式，并以余英时《朱熹的历史世界》为登峰造极之作。由此而论，近百年宋代政治史经历了由传统意识形态（以朱熹为代表的理学叙述）、传统政治史范畴（张荫麟、邓广铭）、到传统与西方意识形态结合（王瑞来、余英时、邓小南等）的奇异回转。当然在此之外，也有某些更具现代史学意味的宋代政治史研究，除西方的唐宋变革论、精英地方化等学说之外，还包括阶级史观下对宋代地主阶级政治诉求的讨论，以及政治集团（何冠环、寺地遵）、政治过程（平田茂树）等相关议题，但影响力远不及士大夫政治论。

意识形态阐释历史的单调化，与专业史家所需处理史料的复杂性之间，容易形成严重的冲突或紧张。这种现象在邓小南《祖宗之法》中尤为明显，其“述而不作”（重事实呈现而轻理论阐释）的特点应该是史家意识与叙述策略双重因素导致的结果。与此相反，之前余英时的《朱熹的历史世界》理论阐释过度深刻而史实梳理明显粗疏，甚至被某些学者误认为“通俗”作品——这或许是《朱熹的历史世界》影响特别深远的原因之一。

《朱熹的历史世界》认为，孝宗淳熙以后，朝臣分化为道学型士大夫与官僚两大政治集团，由此形成的对孝、光之际政治史叙述呈现出“正邪不两立”的意味，给人“忠奸分明”的民间史观的印象，与宋朝政治演化的实际境况脱节比较明显。因此宋史学界一直期待更加客观、更具洞察力的政治史作品，以纠正极端“士大夫政治论”造成的理解误区。2019年，李超的《南宋宁宗朝前期政治研究》由上海古籍出版社出版。该著指出，余英时的《朱熹的历史世界》“一定程度上就是受到道学叙事直接影响的结果”，理学叙事出自理学获得独尊地位之后，其可信究竟如何，非常值得怀疑。

以此为切入点，李超重新梳理光宗至宁宗朝前期的政治史脉络：贯穿于宁宗前期十四年政治发展的主要矛盾冲突，先是围绕在宁宗周围的一批政治势力与赵汝愚为代表的革新势力间的对抗；随着杨氏入宫直至立为皇后，主要矛盾演变为以杨皇后、韩侂胄两人为中心的政治势力间的对立；开禧北伐的发动，不是出于士大夫自南宋建立以来对于恢复理想的追求，而是韩侂胄为巩固自身权位而迫不得已之举，杨皇后、史弥远等人联合发动政变以推翻韩侂胄，也是杨、韩矛盾难以调和的结果，属于权力斗争，与主和、主战基本无涉。李超进一步指出，依赖皇权进行政治变革，是赵汝愚发动绍熙政变的动机之一，但他试图以侵犯皇权的方式达到目的，犯下传统政治伦理的大忌；官僚集团未必一贯反道学，庆元党禁大部分时期与反道学势力互动的是主张调停的官员，韩侂胄的权势反而未必依附于皇权，等等。这些观点呈现的政治复杂性远非“士大夫限制皇权”这种单调的理念所能涵盖，既为还原宋代政治史的事实开创局面，也为突破狭隘的“士大夫政治观”树立研究范例。

二

相对于既有研究，《南宋宁宗朝前期政治研究》

各章都有明显创新：

第一章《从内禅到党禁》。关于庆元党禁的原因，以往研究主要有两种解释。一种是强调党禁是韩侂胄与赵汝愚的权力斗争——赵汝愚在绍熙内禅后未能满足韩侂胄建节的要求，引起了韩侂胄的嫉恨，于是韩侂胄利用自身与皇帝的亲密关系将赵汝愚及其追随者加以清算；另一种是将党禁放在孝宗朝以来道学与反道学斗争的脉络下来理解。这些观点从不同角度揭示党禁形成的原因，但忽视了宁宗在其中发挥的作用。绍熙五年（1194）孝宗去世，光宗坚持不主持丧事的确引发严重政治危机，但化解危机的办法，宰相留正主张立嘉王（即后来的宁宗）为太子，再由太子监国代行丧事是最为稳妥的。赵汝愚决意发动政变，迫使光宗退位主要有两方面的考虑：一是光宗因患病无法正常理政，导致李皇后干政；二是光宗即位后遵循孝宗晚年之政，光宗本人已成政治革新最主要的障碍。赵汝愚废父立子的做法是对皇权的严重侵犯，其大力引援道学人士入朝则授人以结党擅权之口实。宁宗对赵汝愚的猜忌日益加深，与赵汝愚有矛盾的韩侂胄等朝臣利用这点打击赵汝愚及其追随者。宁宗即位后的这场政争包含多种不同的矛盾，主要矛盾应是皇权与赵汝愚所掌握的外朝权力之间的冲突。

第二章《庆元党禁的“虚像”》。学界对庆元党禁对道学影响的认识上有着较大差异，有学者认为这是宋朝自崇宁党禁后的第二次“道难”，且其惨烈程度甚于第一次；有学者认为党禁的执行并不严苛，只是道学获得独尊地位后的有意夸大。其实庆元党禁中受惩处的官员依然可以聚徒讲学、往来书信，道学人士在庆元二年（1196）、庆元五年（1199）两次科举中也未受到太大的影响。所谓“伪学逆党籍”向来被视作是党禁高潮的标志，不过由于部分官员的反对，朝廷虽然在邸报公布过一份党籍名单，但没有正式颁行。李心传在这份邸报名单的基础上，补充了部分在党禁期间遭到贬谪的官员姓名，将其记入《建炎以来朝野杂记》。《建炎以来朝野杂记》中这份名单的结构与“元祐党籍”基本一致，李心传之所以这样做，应该是想将庆元党禁与崇宁党禁联系起来，在韩侂胄掌权的情况下委婉地表达对赵汝愚、韩侂胄等人的褒贬，但从未把这份名单称作是朝廷正式颁行实施的“党籍”。庆元党禁没有道学叙事描述的那样严厉，一方面斗争双方吸取崇宁党禁的教训而有所克制，另一方面与朝廷中调停势力的存在有关。

第三章《调停势力与党禁的松弛》。学界一般将庆元党禁、开禧北伐视为韩侂胄专权的两个阶段，这与南宋时人的看法有一定区别。根据魏了翁等人的论述，韩侂胄当政大致可分为“安静”“皇极”“振作”三个阶段，“皇极”即是党禁松弛阶段，以往研究对此相当忽略。其实党禁之初，赵汝愚及其追随者已被“一网打尽”，党禁时期与反道学势力互动的不是道学势力，而是朝中一批主张调停的官员。庆元初，以宰相余端礼、执政郑侨为代表的调停势力极力避免党禁升级，此后高宗吴皇后利用宁宗皇子出生的契机开启党禁松弛的进程。这种背景下，韩侂胄逐渐倾向调停，庆元三年（1197）、庆元五年（1199）朝中两次攻击道学的浪潮均被化解。

第四章《韩侂胄的困境与北伐》。对韩侂胄的研究多强调其近习身份，而其实专权之初，外戚是韩侂胄的重要身份。韩侂胄的地位介于内廷与外朝之间，面临宦官、后妃与外朝士大夫内外两方面的挑战。韩皇后去世后，继起的杨皇后与宁宗身边的宦官逐渐与韩侂胄处于对立状态，失去外戚身份的韩侂胄亟需由外戚专权转向宰相专权。然而外朝宰执大臣不愿看到韩侂胄的凌驾之势，韩侂胄第一次寻求出任平章军国事的努力，因中枢大臣的反对而失败。于是韩侂胄打出“北伐”旗号，逐步放松党禁，以寻求新的支持者。开禧元年（1205），韩侂胄顺利出任平章军国事，并为巩固权势，伺机发动北伐。韩侂胄北伐的动力与其说是主战声浪、恢复大义，不如说是专权形态的急剧转变。

第五章《韩侂胄之死新释》。传统观点认为，韩侂胄在北伐遇挫后，一度向金求和，但金人的函首要求致使韩侂胄大怒，并促使史弥远等主和派联合杨皇后发动政变，并与金国屈辱议和。其实韩侂胄北伐受挫后立刻选择退缩，金人并未拒绝将韩侂胄作为谈判对象，并且默认宋方以苏师旦、邓友龙作为“替罪羊”的做法。开禧三年（1207），宋金和议基本达成共识。而韩侂胄的反对者聚拢在杨皇后周围，在战争结束前冒险发动政变。杨皇后主导的这场政变是她与韩侂胄矛盾不可调和的结果，宋金和议关于函首的内容是金方得知韩侂胄死讯后临时增加的。为制造政变的合法性，杨皇后、史弥远等曲解韩侂胄的许多行为，甚至捏造某些事实，将权力斗争中的冒险政变塑造成和战之争。

第六章《“共治”理想的破灭与史弥远上台》。君臣“共治”的政治模式在南宋多数时期并未出现，但作为一种理想始终深入士大夫人心。韩侂胄专权结束后的清算、批判，最终指向其实不是韩侂胄本身，而是现实的政局走向。他们对近习干政的批评，其实更多是出于对杨皇后与史弥远联合把持朝政的担忧。钱象祖、卫泾等宰执大臣希望太子与宰执大臣组成资善堂会议共同处理政务，宰执大臣兼任东宫官属维系对朝政的集体领导，但是景献太子对史弥远的青睐使钱象祖等人功亏一篑。史弥远专权并不是单纯的宰相专权，而是杨皇后、景献太子、史弥远三人的联合专权，杨皇后主持于内，史弥远把持于外，景献太子负责沟通内外。侂胄专权并不是静止不变的过程，韩侂胄致力于出任平章军国事，意味着他在有意识地寻求由外戚、近习专权到宰相专权的转变。与韩侂胄相比，史弥远得到了皇后、太子的支持与配合，得以维持长期而稳固的专权局面。

李超最后总结：和战问题虽然时常出现在宁宗朝前期士大夫的言论中，但当时朝廷上并不存在以主和、主战为界限的阵营。宁宗朝前期政治发展的主要矛盾冲突，首先是围绕在宁宗周围的一批政治势力与以赵汝愚为代表的革新势力之间的冲突，再是分为以杨皇后、韩侂胄为中心的政治势力间的对立。后世史书中对庆元党禁的书写，与当时的政治现实存在相当的差距，调和思想与调停势力的存在也几乎隐没不见。开禧北伐只是内部政治的外在延伸，其开始与结束都与内部政局的变化密切相关。

三

李超对于宁宗朝前期政治史的研究，容易给人故作颠覆之论的印象。不过对于一篇由博士论文改写的书稿，四平八稳或老练精深并不是合适的评判标准。李超的研究并非无可置疑、无以改进，比如赵汝愚在绍熙政变中的真实处境，庆元党禁是否真的谈不上严厉，和战之争是否在政治变局中处于明显的边缘地位，这些问题应该仍有讨论的空间。但毋庸置疑，这部南宋政治史作品叙述脉络丰富清晰，史料交代充分确实，政局剖析合情合理，更重要是显示出对权力斗争与政治变幻的复杂性比较稳妥的把握能力。

从余英时到李超，绍熙政变前后政治史研究的路径看似由政治文化向更传统的权力斗争回归，其实不然。李超揭示的南宋宁宗朝前期政治史充满了宫廷政变式的阴谋，令人联想到玄武门之变、斧声烛影等特殊政治事件。但玄武门之变、斧声烛影无论多么神秘，毕竟史有明载。如李世民对唐朝开国的贡献不如李建成，或者赵光义弑兄篡位，即使结论可靠，也主要体现出传统考证史学的精深。而李超揭示的诸如赵汝愚为推行新政而直接侵犯皇权、和战之争与韩侂胄北伐无关、庆元党禁言过其实、调停势力与调和思想的存在等，都是传统史学叙事隐讳的议题。仅依赖传统的考证功夫不足以重新揭示这些议题，如果尚未形成全新的宋代政治史观念，就需要更新史学观念或史料处理方法才能达成类似的研究效果。李超主要运用所谓“史料批判式研究”（个人更习惯使用“文本与书写的视角”这样冗长的概念）的研究方法，指出现在所见有关庆元党禁与韩侂胄北伐的记载，是南宋后期道学家及史弥远集团有意建构的产物；力主调停的政治势力及其调和思想，是宁宗朝前期政治史的重要内容，然而在现存宋代史书的主流叙事中隐没不见；李心传所记载的学党名单被一步步误解为由朝廷正式颁布的所谓“伪学逆党籍”，“虽然是无意造成的结果，却反映了南宋士人看待党争的固定认识模式”。虽然所谓的“史料批判”或“文本与书写的视角”早已算不得创举，但当李超指出：

> 庆元党禁就其严厉程度而言，与北宋后期的新旧党争不可同日而语，但由于南宋士人在记录此事时，采用了同样的认知模式，且不断地将两

者进行类比，就逐渐给人造成一种历史重演的印象，所谓“伪学逆党籍”便是在这种状况下一步步演变为不可动摇的“历史事实”。这种特定的认知模式在无形之中形塑了宋代史籍中对相关史事的记载，甚至今天的许多研究也始终未能摆脱这种成见的束缚，对这种史实与书写的背离，当成为南宋史研究中需要予以充分重视的问题之一。

仍可以说这是宋代政治史领域内一次“古史辨”式的变革。

当然与李超的突破相比，更令人感慨或值得反思的是宋代政治史研究摆脱既有书写观念之束缚竟如此之艰难。从“积极”的方面讲，这的确显示出宋文化的超级魅力。但对此不是自觉地祛魅，而是陶醉于甚至无节制地宣扬这种文化的超级魅力，这样的宋代历史研究者恐怕是值得警惕的。

由李超的研究重新审视宋代政治史：一方面，之前数十年研究形成的诸多常识恐怕需要重新检讨，比如一般认为因儒学复兴、士大夫政治意识高涨、合理制度构建等达成的对皇权的限制，宋朝已有效地消除后宫（后妃、外戚、宦官）、武人政治弊端，实际情况可能要复杂得多；另一方面，这不等于说否定宋代的士大夫政治，只是需要在复杂得多的政治史解释模式中重新理解士大夫政治。如果说李超的讨论仍受到某些局限的话，或许是将政治斗争的源头追溯到宫廷内部的同时，仍然只是在后妃身上打转，而对皇帝本身的关注仍不够充分。换言之，绍熙政变中孝宗、光宗、宁宗三代君主的具体行动，在李超的这部著作中仍未得到充分的呈现。

徽宗四碑：赵佶是政治家还是艺术家？

——从伊沛霞《宋徽宗》谈起[①]

一、从宋徽宗自己的视角出发？

伊沛霞（Patricia Ebrey）教授的《宋徽宗：天下一人》中文版于2018年出版[②]。这部连作者自己都承认并不怎么“学术”的作品，号称要“还原宋徽宗的真实生命历程”，以“了解之同情”，“从宋徽宗自己的视角出发”，再现“北宋末期的历史与时代风貌”。这些话听起来更像是为宋徽宗“抛开中国传统

① 原题《从圣君到神仙：徽宗四碑》，原载《寻宋》，中华书局，2020。

② 伊沛霞：《宋徽宗：天下一人》，韩华译，广西师范大学出版社，2018。

史学符号化的道德指责”的饰辞。或许因为作者承受着来自中国学者“道德指责”的压力，或许更多出于市场的考虑，在描述宋徽宗的成长历程与种种政治文化设施之后，伊沛霞教授无意阐释宋徽宗独特统治风格的内在逻辑，没有重新解释北宋崩溃的原因。结果这部《宋徽宗》更像是赵佶文化生活的资料汇编，除了“抛开中国传统史学符号化的道德指责”的噱头，似乎无甚新意。

然而，解读伊沛霞教授的《宋徽宗》同样不可缺少“了解之同情”。无论她“抛开中国传统史学符号化的道德指责”时做得如何小心翼翼，中国同行“敬谢不敏”的立场十分坚定，视角“独特”或“新颖”就是中国学者表达这种态度的标准辞令。“昏君”、“风流皇帝”、误入歧途的“天才艺术家”这些标签对于宋徽宗而言都是陈词滥调，将宋徽宗的政治追求与靖康之难切割开来理解却有严肃的学术意义。宋徽宗对金国的军事、外交举措失当，他必须对靖康之难负责，但宋徽宗是一个欲壑难填、荒淫无道、举止乖张的君主吗？宋徽宗、蔡京继承的熙丰事业导致了北宋的财政危机、军事萎靡吗？如果重用元祐党人，北宋就能避免一场军事灾难吗？宋徽宗时期的民变比北宋以往任何时刻都更严重，即便不亡于金也将埋葬于民众的反抗吗？如果这些设问都没有确定的答案，那么宋金交战前宋徽宗的政治举措就有理由重新评估。伊沛霞的《宋徽宗》之所以令人失望，在于她本该严肃地探讨这些问题，结果避重就轻，以“从徽宗的视野来看他的世界”为遁词，试图将赵佶塑造成不谙权力游戏、不受陈腐传统束缚、性格浮夸的政治素人。问题在于，“徽宗的视野”是伊沛霞描述的那样吗？回到历史情境究竟会发现怎样的宋徽宗？

伊沛霞讲得没错，包括“端王轻佻”在内的宋徽宗昏君形象是北宋灭亡后重新塑造的结果。但宋徽宗对宗教与艺术的痴迷，究竟是出于艺术家天才的个性，还是步步惊心的政治斗争？在宋徽宗的视野中，自己是艺术家，还是肩负道义或老谋深算的政治家？这个问题不会太过高深，回到宋徽宗时代，或许很多人无法理解赵佶，但赵佶眼中的自己无疑就是圣君。

二、《元祐奸党碑》

宋徽宗自我设定的圣君形象令人难以接受，那是因为我们的视野里出现了盲区。据说徽宗退位前下过罪己诏，罪己诏的徽宗形象比较符合后世史家的诉求，但那完全不是宋金交战之前徽宗自己的“人设”。另一个问题是宋徽宗把司马光、苏轼等人列为元祐奸党，自古正邪不两立，如果元祐党人都是正人君子，宋徽宗自然万劫不复。但“徽宗视野”中，元祐党人是破坏父兄神圣政治事业的祸害与奸臣，徽宗朝修成的《哲宗正史》如果有《奸臣传》，绝对少不了文彦博与司马光这两位罪魁祸首。无论从君主制还是儒家伦理的角度，司马光等支持“以母改子”而否定“子承父业”，就为政敌们指控其奸邪提供了确凿证据。不管多大程度上是出于私心，打击元祐党人的理论依据相当充分，宋徽宗将其打成奸党时，他眼中的自己一定光辉而神圣。

虽说徽宗朝的史料不是那么丰富完备，李焘《续资治通鉴长编》的徽宗部分也基本散佚，但即便利用清代重辑的《长编拾补》，也能轻易发现徽宗朝政治史的发展脉络。在短暂的“靖中建国”稳定皇位之后，“崇宁”时期彻底否定元祐政治与学术，继承与发展熙丰新法，这时期史书记载的三大主题是党禁、理财与西北用兵。改元“大观”时，宋廷已沉浸在“功成治定”“缉熙太平”的氛围之中，开始放松对元祐党人的禁锢，施政的重点转向教化。徽宗的教化事业经历了八行教育、礼制新编与道教崇祀三个阶段，整个过程不但以否定元祐学术为起点，对儒学义理化趋势更是反其道而行之。

其实宋徽宗的重点是否定元祐路线，而不是迫害元祐党人，因此确立“崇宁”路线之后，党禁就有所放松。据陈乐素的考证，元祐奸党碑390人中，流放岭南有32人，但贬死多在宋哲宗亲政时期，崇宁年间再贬岭南者多数遇赦北还，政治迫害的严酷性至少比不上绍圣年间。而且徽宗时期的党禁基本消除了庆历以来此起彼伏的党争，因此在“徽宗的视野”中，党禁算他的得意之作，老谋深算，收放自如。唯其如此，他才会把奸党名籍刻石立碑、颁行天下。

崇宁年间的党人碑有三种。第一种是崇宁元年（1102）120党人碑，徽宗御书，立于臣僚们每日入朝的必经之地端礼门。第二种是崇宁二年（1103）98党人碑，除去120人名单中的武臣与内臣，立于各州军府衙。第三种是崇宁三年（1104）309党人碑，这个名单第一位是废新法的司马光，最后一位是反对立徽宗的章惇，由徽宗御书立于文德殿东壁，再由蔡京书写，立碑的范围可能遍及州县。到了崇宁四年（1105），徽宗就宣告大赦天下，党人内徙，并下令除毁党人碑，因此党人碑理论上只存在于短暂的三四年间。南宋时熙丰之政遭到全面否定，元祐奸党碑摇身成了光荣榜，“夫前此一时之屈，而后此万世之伸”（饶祖尧《龙隐岩元祐党籍跋》），黑名单成了子孙推恩的依据，于是有人重刻以为家族光宠。

元祐年间的尚书左丞梁焘，绍圣年间贬死于化州（今属广东），卒后不得归葬，家属被勒令在昭州（今广西平乐）居住，崇宁年间自然被列入党人碑。到了南宋庆元四年（1198），正是韩侂胄打击道学

（庆元党禁）最严厉的时候，梁焘的曾孙梁律时任静江府（今广西桂林）的武官，他征得通判饶祖尧的同意，在龙隐岩重刻崇宁三年的《元祐奸党碑》，并改题为《元祐党籍》，文末有饶祖尧题跋。此外又有广西融水县真仙岩的“元祐党籍碑”摩崖，为党人沈千的曾孙沈暐重刻于嘉定四年（1211）。不过两处摩崖的形制与文字多有出入，一般认为龙隐岩摩崖更接近蔡京所书原本。

三、《大观圣作之碑》

元祐党禁的重点，是彻底否定元祐党人的政治与学术路线。司马光的史学，苏轼的文学，二程的义理儒学，都是宋代学术的巅峰。宋徽宗要否定元祐学术，难道还能废除史学、文学、义理儒学吗？没错，这就是宋徽宗要做的。大观三年（1109），宋徽宗有御笔，说地方学校建藏书阁“皆以经史为名”，明显违背他刚刚宣布的“崇八行以迪多士，尊六经以黜百家”的教育方针，他还质问“史何足言”？[①]明确否定史学的价值，并下令将藏书阁都改名为“稽古”。这看上去非常无聊，好像也不是刻意针对司马光。但再看一条记载，录取新科进士后，皇帝照例应该赐诗，但政和二年（1112）宋徽宗没有赐诗，改而赐箴，原因是之前朝廷已经下诏禁止士人学习诗赋，同时也禁士学习史学。这是不是更无聊呢？《文献通考》的作者马端临就明确指出，这种荒唐的政策直接针对司马光与苏轼：

> 尊经书，抑史学，废诗赋，此崇、观以后立科造士之大指，其论似正矣。然经之所以获尊者，以有荆舒之三经也；史与诗之所以遭斥者，以有涑水之《通鉴》、苏黄之酬唱也。[②]

① 宋徽宗：《赐诸路州学经阁名（大观二年九月十九日）》，《宋大诏令集》卷一七九，中华书局，1962，第649页。

② 马端临：《文献通考》卷三一《选举考四》，中华书局，2011，第917页。

“尊经书”，尊的是王安石的《三经新义》；“抑史学”，抑的是司马光的《资治通鉴》；“废诗赋”，废的是苏轼及其门人的文学作品——这是宋徽宗彻底否定元祐学术的具体内容。

废除元祐学术之后，取而代之不只是王安石的《三经新义》，宋徽宗更有自己的创新，“方崇八行以迪多士，尊六经以黜百家”，“崇八行”就是他自己的发明。宋代科举制度不断变革，王安石时期为改变在家自学、到官府一考定终生的选拔方式，发明了“三舍法”，加强太学对士人的直接培训。宋徽宗时，蔡京把三舍法推广到州县，科举由全国的才艺比赛，变成了各级的干部培训。而宋徽宗觉得人才选拔，才智尚在其次，思想品德才更重要，于是提出品德高尚者应该直接授官。宋徽宗要求各级官府推举具备“孝、悌、睦、姻、任、恤、忠、和”八种德行的人，违背“八行”则受惩罚，谓之“八刑”。其中“忠”看似排在“八行”的第七位，但他引孔子的话说，“其为人也，孝悌而好犯上者，鲜矣。不好犯上，而好作乱者，未之有也”，“孝悌”的标准是不犯上作乱。至于“八刑”，“不忠之刑”就毫不含糊地列于首位，具体内容包括“谋反、谋叛、谋大逆及大不恭、诋讪宗庙、指斥乘舆”，[1]任何说皇帝坏话的人都不能上学、当官。

宋徽宗在大观元年（1107）三月发布这道《八行取士诏》，六月要求各地学校刻石立碑，称《学校八行八刑碑》或《御制八行八刑条制碑》。到了八月，各地又以宋徽宗御书的《八行取士诏》刻石，并由蔡京题额《大观圣作之碑》。该碑当时遍及全国，至今仍保留十余种，其中以河北赵县与平乡、河南新乡、山东泰安岱庙遗存最为高大，书法碑帖则多采陕西西安碑林博物馆所藏原乾县《大观圣作之碑》拓本。河北赵县的《大观圣作之碑》原是文庙遗物，后立于县生产资料公司院内，通高5.6米，是现存《大观圣作之碑》中最壮观、最完整的一种。我与沈波涛兄2015年9月9日寻访此碑，所在已然杂草空地，四周是杂乱的厂房、公司，碑体砌于碑亭之中，碑阳又以铁栅护卫，

① 黄以周等辑注：《续资治通鉴长编拾补》卷二七，顾吉辰点校，中华书局，2004，第912页。

虽然可以随时寻访，字体与纹饰难以细致观摩。

四、《御制大观五礼之记碑》

王安石变法的最低纲领是富国与强兵，最高纲领是“一道德、同风俗”。崇宁年间否定元祐之治、恢复熙丰路线之后，通过数年的理财与用兵，徽宗感觉富国强兵的目标已经超预期完成，今后要把工作的重心转移到“一道德、同风俗”上来。达成这个目标不能依靠“八行八刑”。“八行取士”的效果很难评述，但在徽宗朝一直实行，在南宋也有回响，但“八行取士”的人数远不及科举，社会影响也不大，很多人获得了“八行”的录取资格却坚持走科举的道路。

宋徽宗推进“一道德、同风俗”的主要途径是重新制礼作乐，这是编年体史书中大观、政和年间的“刷屏”事件。为此宋徽宗于大观元年设立专门机构“议礼局”，亲自撰写冠礼部分作为范本。此后的编撰工作也由徽宗亲自指导，臣僚们“悉禀训指，靡所建明”，只是忠实地呈现徽宗的构想，绝不提出自己的意见。这部礼书在大观年间就已修成，实施细则则拖到政和年间，原定书名《大观五礼》也改为《政和五礼新仪》。宋徽宗为这部礼书提出的书面指导意见以及臣僚们的请教记录都保留在礼书的“卷首”，篇幅竟达万余字。通过这些记载，就会发现在当时君臣的“视野”中，宋朝已经进入“功成治定”的太平盛世，上天赋予徽宗的神圣使命，就是通过制礼作乐回归黄金时代、创造极乐世界，“巍乎三代之隆矣”！

《政和五礼新仪》不但博古通今，而且展现了宋徽宗实现“一道德、同风俗”的非凡创举，破除了“礼不下庶人”的陈腐传统。新礼制的适用范围不限于天子臣僚、王公贵戚、儒生士大夫，庶民百姓也须严格执行，“其不奉行者论罪”。[①]为了推行新礼，不但广泛发行礼仪简明手册，还在各地培训“礼生”加以推广、监督，民间习俗所依赖的媒妁卜祝必须到官府接受礼生们的思想改造。结果，按照陆游的说法，差不多新娘披个白色婚纱就被说成卖国贼，新郎只好

① 《宋史》卷九八《礼一》，第2423页。

给礼生塞红包赔笑脸哀求他不要扯淡了：

> 民间丧葬婚姻，礼生辄胁持之，曰："汝不用《五礼新仪》，我将告汝矣。"必得赂乃已。①

《水浒传》中有位北京留守梁中书，让杨志押送生辰纲给岳丈蔡京，由此引出晁盖与宋江的故事。这位梁中书的原型，应该是政和年间两次出知大名府的梁子美。大名府在晚唐是魏博节度使的治所，829年何进滔成为魏博节度使，840年去世时，唐文宗为他立了一通德政碑，由柳公权撰文、书丹。该碑高12米有余，号称"中国存世最高"，其实至少比曲阜景灵宫的万人愁碑略低。王安石变法的时候，曾经教导过神宗皇帝，说唐太宗之流不值得追慕，尧舜之治才应是效仿的对象，唐朝就这样被打入了宋人的鄙视链。于是梁子美出知大名时，毫无顾忌地把何进滔德政碑上柳公权的碑文磨平，改刻《御制大观五礼之记》。明代前期，大

① 陆游：《家世旧闻》卷下，孔凡礼点校，中华书局，1993，第203页。

名旧城为洪水所淹，该碑淤埋于地下，明嘉靖年间重新掘出时已断为9块。1987年大名县文保所将断碑运至县石刻博物馆，1988年吊装修复后重立。只是碑文早已浸漶，唯篆额仍相当清晰。问题是宋代文献并没有一篇《大观五礼之记》，查阅方志录文，发现碑文近似于《政和五礼新仪序》而略有不同，特别是最后一句，“记其事刻之”被改成“记其制作之”。显然大观年间修成《大观五礼》时，宋徽宗写过一篇记文准备刻石，后来因编写仪注而改名《政和五礼新仪》，宋徽宗又据大观记文改写政和新序。梁子美刻石时礼书尚未改名，时间当在第一次出知大名的政和二年（1112），而非一般资料中所说的政和七年（1117）。

“礼下庶人”的运动当然并不成功，但宋徽宗也并非罔顾民意、顽冥固执之徒。相反他是灵活机智的政治家，宣和元年（1119）他就承认“立礼欲以齐民，今为害民之本”，[①]便停止在民间推行政和五礼。宋徽

① 宋徽宗：《开封府申请五礼新仪节要并前后指挥更不施行（宣和元年六月二十五日）》，《宋大诏令集》卷一四八，第548页。

宗并没有就此放弃“一道德、同风俗”的崇高理想，他总结教训，以民为本，既然“礼”无不能下庶人，何不将“俗”立为国家体制？一套更加新颖、更加接地气的“一道德”方案已经酝酿成熟——就在那年，他下令将御制御书的《神霄玉清万寿宫诏碑》在各地刻石立碑，以此宣扬“道者……可使一世之民举得其恬淡寂常之真，而跻于仁寿之域”的朴素真理。

五、《神霄玉清万寿宫诏碑》

近些年还有文史名家以“天人之际”这样的题目来讨论“中国古代思想起源”，其实相关问题王国维、傅斯年已经阐释得相当透彻。孔子说“敬鬼神而远之”，就表明了儒学与巫鬼文化若即若离的关系。孔子崇拜周公，周公的文化设施是制礼作乐，讲求“亲亲尊尊”，胡适《说儒》又指出儒生其实是治丧事的仪式专家，因此早期儒学的根本是礼制。到了汉代，儒学一方面重新神学化，另一方面更强调三纲五常的伦理秩序。宋代的程朱理学被称为新儒学，讲究

“格物致知、正心诚意”那一套，相当于一场新教革命，思想观念上严重背离传统，被指为“伪学”并不全是冤枉。后来理学正统化，程朱成了孔孟的直接传人，这个过程就被现代史家称为儒学的义理化。宋徽宗的教育方针，禁止了司马光为代表的史学、苏轼为代表的诗赋，元祐奸党程颐的理学也不能是漏网之鱼。如果说儒学由先秦至宋代经历了巫鬼、礼制、伦理、义理四个不同的阶段，那么宋徽宗政治文化就是反其道而行之，由“八行八刑”的伦理走向《政和五礼新仪》的礼制，“礼下庶人”的运动失败后，再进一步就该巫鬼登场了。

宋徽宗的办法很巧妙，他以“道”作为核心概念，试图将儒学与道教合二为一。早在政和三年（1113），宋徽宗建了一座新的皇家道观玉清和阳宫，里面构建了一个新的道教神系，包括三清、玉皇、圣祖、北极、天皇、圣后、后土，这就是宋代出现的三清六御系统，把赵宋的圣祖与圣后挪走就是道教后来的三清四御。包括两位女性的宋代三清六御造像十分罕见，近年来越来越多研究者相信，大足石刻南山造像的三清古洞就是这个神系的实物证据。

三年之后，宋徽宗宣告，南郊所祭“昊天上帝”就是道教“玉皇大帝”，因此给“天”上新尊号“太上开天执符御历含真体道昊天玉皇上帝”，儒家最高神“昊天上帝”屈居于道教三清之下，这个组合简直把朱熹给气疯了。如此这般，皇帝既然是“天子”，自然也是“玉皇大帝”的儿子，所以宋徽宗又说他是上帝长子“神霄玉清王南极长生大帝君”，从此自称“道君皇帝”。京城的玉清和阳宫、各地为他祝寿的天宁万寿宫，也统统改称“神霄玉清万寿宫”，以奉祀他“长生大帝君”与留在天上的弟弟“东极青华大帝君”。为此他亲撰并书写了一篇记文，这就是《神霄玉清万寿宫记》。

据说蔡京的故乡福建莆田是最早，也最隆重为《神霄玉清万寿宫记》刻石立碑的地方，碑额“御笔手诏”四字乃蔡京之子蔡翛所题，此碑今天仍立于莆田元妙观宋代古建三清殿侧。莆田也是妈祖的故乡。既然庶民百姓无法接受政和五礼，何不迎合他们的口味，把自己改造成神仙供民间奉祀，既能“一道德、同风俗”，又能从根本上否定元祐奸党的异端邪说！因此徽宗在碑文中宣称，他将“崇道”以“革末世之流俗，还隆古之风”。这时徽宗离他的终极理想已经无限接近，浙西的方腊、京东的宋江也开始起兵造反。

苦苦过活的地方士人

——评《南宋吉州的士大夫与宗族、地域社会》

小林义广先生是1950年生人，资深的日本宋史学者，早年的研究对象以欧阳修、王安石等宋代核心人物为主。这样一位学者，在他年逾花甲之后，竟然关注宋史学界已经流行数十年的地域社会论，围绕南宋吉州士大夫社会展开了系列研究。仅以追随学术潮流而论，这似乎是大可不必的事情。但前言中小林先生就交代这是他“回归初心，开始读欧阳修故乡吉州出生的士大夫文集”，而这个“初心”是1980年发表《族谱编纂之于欧阳修的意义》引发的对士大夫宗族问题的强烈兴趣。因此有意思的就是，小林先生对相关问题的关注，其实早于欧美地域社会论的发端之作，即郝若贝那篇1982年发表在《哈佛亚洲研究学报》的著名雄文《750—1550年中国的人口、政治与社会转变》。所以读小林义广这部多数研究完成于2010年以后的《南宋吉州的士大夫与宗族、地域社会》，其研究视角究竟与广受质疑的美国地域社会论有何差异，就成了笔者最有兴趣探究的问题。

如果仅仅把视野局限于科举官僚，那么美国的宋代精英地方化理论，或许与历史事实并没有那么遥远的距离。但如果以精英地方化来讨论中国社会整体结构，任何有中国社会经验的人恐怕都无法接受南宋以前的中国地域社会更加“中央化”的预设，更不可能相信南宋以来的科举士人对任职中央已经失去了兴趣。而若以空间结构而言，南宋政权本身就可以视为“地方政权”，与元明清这样的大一统王朝相比，南宋本身就是一个地域社会，这样南宋士大夫的地域社会就成了不证自明的命题。因此中国地域社会研究的问题不在于“地域社会”概念本身，毕竟普天之下哪里还没有“地域社会”呢？如果挖空心思地找寻，中国任何一个王朝都不会缺失“地方精英阶层”的存在，遑论这个现象成为突出问题的晚唐北宋时期。问题仍然在于研究者意图通过“地域社会”“精英地方化”的视角讨论什么？对此，小林先生对欧美地域社会论做出非常扼要而精到的三点总结，一是士大夫阶层由官僚向士绅的身份转移，二是精英层的关注重心从中央移向地方（即精英地方化），三是中国区域的划分即“设定大地域的观点”。在此基础上，小林先生还总结了以冈元司为代表的稍晚一代日本学者对中国地域社会论议题的拓展，令他印象最深刻的就是打破“中国”的国家视角，或者讨论宋代浙江与东亚海域的关系，或者从地域社会反向去理解国家。

然而在这样“宏大”的学术背景下，无论是序章还是具体的研究，小林先生并没有表现出太多回应宏大议题的意愿，而仅仅是说：“对于韩明士以后被视作地方化开始的南宋时代，学者尚无太多兴趣关注那时地域社会样貌如何，其中宗族又如何发挥作用。从这个角度上看，本书展开的考察多少有些意义。”但如果仅仅是描绘那时吉州地域社会样貌如何，而不去回应那些探究历史发展方向的宏大议题，究竟能有多少意义呢？这个问题恐怕是体味这部著作妙趣的关键所在。

至少在笔者看来，这部著作的学术史回顾部分，最有价值的并不是梳理欧美地域社会论及其对日本学界的影响，而是指出在此之前日本的中国史学界已经出现了“地域社会”的转向。那是1981年名古屋大学东洋史研究室主办的“地域社会的视点：地域社会与领导者”研讨会，主持研讨会的森正夫提出：“所谓地域社会，是为总体把握人类生活基本场所的方法论概念，为实现广义再生产而面临共通现实问题的个人，被置于共同的社会秩序之下，统合于共同的指导者或指导集团之下。”而触发这种转向的缘由深植于当时日本学者的内心体验：“日本学者对中国前近代史的研究如果只依靠阐明生产资料的所有关系、基础生产关系，再以此为基础研究阶级关系的方法，‘难道不会使我们现代人所面临的课题与前近代史的研究相背离吗’？”这些表述有些学术化了，讲的通俗一点就是：研究者又无法把握生产关系革命的方向，那么就不能把研究变得跟研究者自身的日常关注更加切近一些吗？任何个人面临的首要问题，难道不是在“被置于”的某种社会情境中寻求出路，那么在地域社会中发现人类生活的样貌难道不是“我们现代人所面临的课题”？即便那是千年以前中国地域社会中发生的“人”的故事，难道不是包括他们日本学者在内的现代人所面临的普遍问题？

所以，小林义广《南宋吉州的士大夫与宗族、地域社会》讲的是七八百年前中国江西吉安地区的七位士大夫如何经营他们的人生与家庭（宗族）的故事。靖康之难以后，国土尚且难以收复，又何谈士大夫“治国平天下”的大学之道，所以对于大宋的儒士而言，把整个南宋史都归为“垃圾时间”并不过分。王庭珪于宋神宗在位时的1080年出生于吉州安福县，考上科举是宋徽宗在位的1118年，5年后因为拒绝上司的私人请求愤然辞官。很多年以后他给朋友的信中写道，那位惹他辞职的上司后来不断受到提拔，他从那时就预感到政治动荡。此时的王庭珪已经44岁，从此不再就任实职，开始了近半世纪的退隐生活。靖康之难后，王庭珪被迫与亲人一起躲避动荡，开始数年的避难生活。大概是1137年，王庭珪写了一部《盗贼论》献给抗金名将李纲。1138年秦桧与金议和，议和期间胡铨因为激烈弹劾秦桧而被贬官到新州，这时王庭珪为胡铨写下两首饯别诗，其中有“痴儿不了官中事，男子要为天下奇”之句。五年后，王庭珪因为诗句被同乡告发而遭逮捕贬官，至70高龄时被勒停贬官，直到秦桧去世才返回家乡，并在孝宗朝两次接受朝廷召见，其中第二次已是91岁高龄。那位激烈弹劾秦桧的胡铨则是吉州显族，秦桧卒后胡铨重获自由，在孝宗继位后重返朝廷被授予了新官职。

吉州的周必大是孝宗时期著名文臣、地位最稳固的宰相，北宋末年周氏一族因祖父周诜赴任吉州而移居吉州庐陵。胡铨与周必大的家族在吉州曾经都显赫一时，但身居高位并没有确保他们家族的延续与繁荣，此后他们的家族由于鲜有族人科举及第而迅速衰落，这说明仕宦顺遂远非成功经营家族的充分条件。著名诗人杨万里的先祖在唐末五代时期定居吉州，从北宋末年起族内及第者辈出。杨万里自幼家中贫困，虽然长期仕宦，社交活动却长期集中在吉州地域社会。杨万里通过《家训》劝诫子女要勤于农事纺织的生活信条，小林先生认为杨万里与其说是士大夫，不如说更像是小农的生活态度。

同样自五代迁居吉州的曾氏家族扎根地方的特征更加明显，著名的宋人笔记《独醒杂志》的作者曾敏行就出自这个家族。虽然没有科举的记录，但曾敏行的父亲曾光庭任零陵县尉时靖康之难爆发，曾光庭征召零陵县民众组织义勇勤王，当时9岁的曾敏行对父亲说“愿自力，毋忧家”。有证据表明曾氏家族拥有相当的财富，特别是曾光庭告老后起宅购田“为本族筑牢经济基础”。作为幼子，曾敏行热爱学习、满腹经纶，但因20多岁患病而放弃科举，终生在家乡过着“治生不求富、读书不求官”的乡绅生活，晚年规划园囿、兴建楼阁。曾敏行的六子曾三异在几度落榜后也放弃科举，虽然族中至少有两位兄长曾三复、曾三聘参与过朝政并入《宋史》列传，但曾三异凭借家庭的经济余裕过上了遨游书海的生活，为编纂欧阳修文集投入大量精力，并在80多岁高龄时受朝廷应召获得了一个虚职。朱熹在致信中对曾三异的思想多有批评，不过“未在中央活跃而长期于家乡生活”的曾三异应该不必为此焦虑。曾敏行、曾三异的生活轨迹或许特别符合“精英地方化”的论调，但事实上这个家族应该自五代迁居吉州以来就属于颇有经济实力的“地方精英”阶层，换而言之，曾氏这样的家族才代表着吉州地域社会中最稳定的一股力量。

更加代表南宋以来理学化的“地方精英”的应该是这部著作中第六个案例：欧阳守道。欧阳守道家计贫寒，在科举及第后仅任章州雩都县主簿，便以家中老母为由辞官了。欧阳守道因为江万里等人的推荐可能在当地的白鹭洲书院断断续续地执教过，晚年担任过校书郎一类官职，但在节约宫廷无用开销的提议未被采纳后再度辞官归乡。书中对欧阳守道最关注的事迹是他批评欧阳修的《欧阳氏谱图》过于草率，展现出他对欧阳修未居住家乡、死后埋葬他处的生活方式的质疑，小林先生认为由此“能窥探到生涯大半都在地方度过的欧阳守道的生活态度，乃至南宋末期这一社会背景下在地化倾向增加的士人意识之时代性”。最后一个案例则是宋末元初的刘辰翁在科举被废、出仕无望的情况下以文学创作维持士人身份并关注地方公共事务的故事，并将其理解为是“扎根地方的明代士人生活方式之端绪”。

其实抛开那些所谓的学术史背景，仅凭生活经验而言，从这些南宋吉州士大夫的故事中感受到的，首先是仕宦的风险、地方的动荡、地域社会组织性的薄弱。但毕竟地域社会才是前置性的，中央政权才是流动不居的，在任何中央集权的年代里寻找中国的地域社会总是可能的。因此在笔者看来，所谓“扎根地方的明代士人生活方式之端绪”，其实不过是地域社会的士人化、理学化而已。

作为一部“海外中国史”的著作，不必苛求作者没有充分注意中国海量的地域社会、宗族与族谱的相关研究，也不必诧异这部讨论宗族社会的著作极少采用第一手的族谱材料，更不必在意作者无意回应“精英地方化”“宋元明转型”之类的宏大议题。重要的是，这部著作毕竟直面“我们现代人所面临的课题”，认真讲述了地方人士在宋朝的“垃圾时间”苦苦过活的诸多故事。中国的研究者由此获得的启发，或许在于什么才是当下国人“所面临的课题”？“全球化”“在地化”之类的议题是否还像从前那样令人着迷？如果我们真的可能面临全球性的动荡时代，中国历史的研究是否会给世人讲述更多值得留意的故事？

历史的盗梦空间
——《文本与书写》出版感言①

首先要感谢郑庆寰兄（九色鹿品牌负责人）与宋超老师（责任编辑）为小书出版所做的大量工作。也感谢林岩兄为小书出版撰写几点随感。书稿中没有“后记”或“致谢”环节，有些情况也借此一并交代。小书的主要内容是宋代温州地方社会史，兼及零星几篇有关杭州及边地的小文。

温州地方史的研究，缘于地方政府启动的地方史项目，原非本人的研究计划。接受这个写作任务，主要有两点考虑，一是可以深化早期“宋代科举与乡村社会”（《科举理学化：均田制崩溃以来的君民整

① 原题《〈文本与书写：宋代的社会史〉出版随感》，《中外论坛》2020年第1期。

合》，上海辞书出版社，2008）的相关研究，二是尝试探索地方史的研究方法，主要就是所谓的“文本与书写”脉络。在我求学以及工作期间，身边活跃着不同的区域史研究团队，都有鲜明的问题意识与研究方法，但从来不是我的研究领域。刚参加工作时，因为身处杭州，考虑过涉足杭州地方文化史。书稿中《杭州空间》一篇成文最早，记得原本除了《咸淳临安志》与《梦粱录》比较，还讨论过《西山一窟鬼》《西湖三塔记》等宋元话本小说中的杭州空间。但早期文稿竟无处可觅，现在收录的文稿因提交某年中国文化大学（台北）两岸宋史会议，我向会议论文集编者曹文瀚兄重新索要而得。此外《夷坚志》也是我长期关注的文本，曾以《夷坚志》杭州故事为题指导学生撰写论文，学生下了不少功夫，但我当时的考虑尚不成熟。

此后由于工作的原因，研究重点有所转移。但即使以近代地方档案为研究对象，我也没有从区域史的角度展开研究。只是与区域史研究团队有更多的接触，通过他们的研究与交流，学习到很多知识与经验，也会形成自己的一些观察。众所周知，国家与社会关系，一度成为区域社会史研究的通行范式，区域史研究强调区域社会本身的发展脉络，其实以国家-社会二元为预设。不过区域史“本身的发展脉络”，似乎仍是研究者的主观构想，我甚至怀疑其中对“社会”的构建，甚于区域史所质疑的传统史学对“国家”的构建。这种反思自然引发主观构建无可避免地困惑，于是又试图寻找构建的边界。如果所谓的历史研究陷入了层层叠叠、无穷尽的反复构建之中，甚至无从判断自己身处盗梦空间的第几层，那就必须随身配备一枚区分真幻的陀螺。然而这样的陀螺并不存在，从梦中醒来的机会已经永久丧失，理论上讲，还原到第一层梦境仍有可能也是极限——这应该就是构建的边界。历史研究的第一层梦境，应该就是可以利用的原始史料。因此这部书稿提出作为研究方法的“文本与书写”，意味着史料不再是醒梦的陀螺，或许也不是第一层梦境，而是尚未毁灭、最浅的第N层梦境。

在这样的理解中，史料呈现的景象，就不再是浩如烟海、保存文明的文献，也不是片叶寸金的珍稀善本，而是历尽劫波、破残不堪、所剩无几的废墟。于是问题就成了，如果历史研究面对的不是文献而是废墟，研究又将如何展开？机缘巧合，在更多接触区域史研究团队的同时，也有机会经常与考古工作者交流切磋。某位文艺青年从事考古工作，必然会强调结合文献材料，并且无法抑制地将考古工作输出为情思文字。但作为史学工作者，在考古现场溜达多了，主要刺激不是考古工作者缺乏文献训练，而是发现不立文字并不妨碍还原历史。后来几次小范围的交流中，我总是拿良渚古城遗址来介绍书稿的研究理念。为什么东一块高地、西一段水坝，当然还有玉器与尸骨，但不见一字，就可以还原出远古辉煌的城市文明，眼前全是萨满祭天、酋长挥戈的景象呢？既然如此，作为废墟的史料，为什么不能呈现更加精妙的历史场景呢？

为了检验这些奇想是否成为有效的历史研究方法，我才陆续花费数年时间，为某地方史项目数万字的写作任务展开了一项全新的研究。如书稿所展示，这些研究是以不同的文献类型为单位，以有限度地还原文献本身构建的地方社会史为验证效果，而着眼点其实在于这种研究方法的有效性。因此这项研究的效果是两方面的：一方面是所谓的重建宋代社会史的景象，在多方面补充或丰富了早前“宋代科举与乡村社会”中涉及的内容；另一方面则是以此为经验，将文本与书写发展成为相对独立的历史研究方法，在更广泛的领域加以运用。不少读者，包括林岩兄热心组织的老友的书评，都提到书稿仍显散漫。我自己的观感，这无非是地方史文献本身的呈现，或者说正是本文试图重建的那种社会史图景。结构的散漫，或许正是出于对规整的质疑，用近日读到的颇有启发的一段话来描述：

> 时间松脱为相互间关联的网络，不再聚合成连贯的帆布。时空（复数的）的涨落，层层叠加，在特定时刻相对于特定物体突然出现，为我们提供了一种非常模糊的图景。但对于世界精细的分

立性，这已经是我们能拥有的最好的视野了。[①]

书稿出版后，有些读者会对书稿的议题产生误解。书稿所谓的“文本与书写”，是针对具体研究议题的史料处理方式，并不涉及对文本与书写本身的研究。换言之，书稿从来不是文本社会史或书写社会史的研究，更不打算对文本与书写展开玄妙的理论探讨——这些都是非常有趣、非常成熟的研究领域，本人对后者也略有兴趣，但完全超出了书稿的主题。也是基于这个原因，本文没有对文本与书写这个议题展开充分的学术史的总结——这与书稿讨论的宋代地方社会可能完全脱节。潘晟兄书评中指出文本并非只是文字的载体，陆敏珍师姐曾指出“文本”概念的人类学渊源，都是非常重要的知识，只是被我排除在书稿讨论的范围之外。

另一个容易造成困惑的表述，是对历史研究中“问题意识”的处置。我确实认为，对历史学研究中

---

① 卡洛·罗韦利：《时间的秩序》，杨光译，湖南科学技术出版社，2019，第68页。

“问题意识”的优先性可以做某种调整，即在收集史料之前，某种程度上压制研究者的“问题”冲动，在“书写与文本”中充分徜徉，然后回应可以联系的问题，甚至发现新问题，这对于再发现文献的历史信息或许可以带来一些惊喜，当然对研究者的“问题”储备也提出了更高的要求。对此，我完全同意郑丞良兄书评中指出的：

> 本书通篇并未停留在单纯摘用史料文字，而是力图解读史料在书写过程中所呈现的社会关系。不过，历史研究本来就离不开史料，分析、组织、诠释向来是历史学者处理史料的必要工作。若从这个角度来看，本书最突出的地方或许不在分析过程，应当在于书写背后的社会关系网络的预设（包含故事来源、社会群体）。毕竟若没有相应的问题意识，文本也不会自行诠释其内涵意义。[1]

① 郑丞良：《从文本书写中读出历史脉络——吴铮强〈文本与书写：宋代的社会史〉书评》，《中外论坛》2020年第1期，第145页。

相对其他章节，读者更多留意第四、五章墓志部分的讨论，甚至认为全书的价值仅及于墓志两章。其实书稿出版之前，唯独墓志两章没有单独发表（没有投稿），原因就是这两章牵涉热门议题以及成熟的观点，单独发表难免纠缠已有的学术史，这让我十分踌躇。墓志两章受人关注的原因，除了当前史界对墓志的莫名热情，更主要是涉及热议的两宋地方士人阶层形成的问题。当然我也相信拙稿的讨论对相关问题有所深化，不过个人并不打算把士人阶层置于地方社会史的特殊地位。其实与其过度关注文化精英，个人更愿意强调巫鬼、海商、胥吏、权贵等不同阶层共同塑造了宋代社会结构的复杂性。我想不同形态的基础文献，比如《续资治通鉴长编》、欧苏文章、程朱理学，会形塑完全不同的宋史观念，而本人更愿意将《水浒传》作为理解宋代社会文化的基础文献。不得不承认，《“猿猴盗妇”与边地意象》一篇与其他内容有所脱节，但涉及宋元话本，为“文本与书写”的讨论提供更多的文献类型，故而一并编入。这篇小文缘于在深圳召开的某次以“边界”为主题的会议，深圳临近香港，撰写小文时多以香港为想象的参照。所以我觉得，历史研究中的共时性现象还值得进一步强调。

最后想说，作为研究方法的“文本与书写”并不新鲜，新旧也不应该是评判学术的标准，唯恐落伍而兴起一场技术更新并无必要。当然，为了维护莫名的正统而打压另辟蹊径的尝试，在我看来纯粹属于学术不端。个人以为，“文本与书写”可以成为相对独立的研究领域，对史学研究显有裨益，在数据分析的技术条件愈加成熟的情况下，预期还有更大、突破性的发展空间。展望前景，小书所做的工作微不足道。

（2020年1月21日，6月20日略作修改）

寻宋的意味[①]

一、寻宋，什么情况？

从2015年3月开始，我与沈波涛兄开启“寻宋”之旅，陆续走过四个年头、近十万华里。

寻宋缘由说来话长。2013年我在巴黎洋插队，陈新教授往莱顿访学，约我穷游欧洲，同行又有莱顿大学的罗马史博士王忠孝（现就职于复旦大学）。途中聊起公众史学的实践项目，不经意间提起老沈——当时我跟老沈正搭建了以“历史真好玩”为口号的“鱼汤网”。之后，老沈参与了陈老师浙江大学公众史学研究中心的筹建工作，并共同摸索历史旅游项目。经

① 本文为《寻宋》前言的原稿，编入《寻宋》时删去第六小节并有文字调整。

陈老师介绍，老沈又邀请德堡大学罗马史教授刘津瑜女士担任希腊、罗马之旅的专业向导。不过老沈对旅游本身的热情远甚于商业开发，历史旅游项目不了了之，相关图书倒是策划了几本，其中有一次陈老师提到以朝代为主题的游学图书的创意。

将这个创意转化成2015年以来的寻宋之旅，还有其他一些机缘。当时自己的精神状态似乎出了些问题，想把自己安置到某种陌生环境的念头挥之不去。这时澎湃新闻网饶佳荣先生来访，主要想了解龙泉司法档案项目的相关情况，但话题不限于此。我跟他提到了寻宋计划，引起了他的兴趣，只是我还说不出所以然来。我当时的心态，相信寻宋会有重要的学术或文化意义，但并没有具体的写作计划，我感觉需要走很久很久，才会知道自己能不能写点什么。

即使什么也不写，我也很想到远处走走，在一种寻访的状态中。

二、我与老沈

这一场说走就走的“寻宋”之旅，老沈这位驴友不可或缺。“他是我幼儿园的同学”，我一般这样介绍老沈。

“老沈”其实是“寻宋”生造出来的称呼，私下我们叫他“葡萄”，这是小学时代的绰号。在《欧阳修是快乐的》一文中提到同行的另一位老同学“押司”，这也是雅化的表达，倒与他的职业相称——因为姓娄，他本来的绰号叫“阿鼠”。记得小学五六年级时，正是咱仨，有一次瞒过家里，坐火车从小镇到杭州一日游，然后若无其事回家吃晚饭。

确切地说，老沈是我幼儿园、小学及初中一年级的同班同学，高中的同校同学。大学时代他在苏州，我在杭州，都是历史学专业。大学毕业我们都在杭州工作，合租“同居”了一年。然后他回家乡工作，我读研究生。留校工作若干年后，我寓居浙大紫金港校区，恰好他在杭州购置学区房，就在紫金港校区门口。

老沈是典型的历史系男生，传说中的“万金油”，明星八卦、新款汽车、天文地理、国际局势，他无所不知，也不求甚解。有次我问他不考虑读个研究生？他说与其辛辛苦苦自己研究，不如读你们的研究成果能得到更多的知识——他说话永远那么有道理。

老沈对旅游是真爱，今年正式走遍中国34个省级行政区，下一个小目标是看遍首批国保。他是地理迷，经常吹嘘小学时跟父母到北京旅游由他安排全部行程的光荣事迹。因为工作关系，他有着丰富的长途驾车经验，在没有导航的年代单凭一本地图集纵横全国，出差途中常独自游览名胜古迹。相对而言，我差不多是路盲，脱离导航去任何陌生地方都是不可想象的事情。

大概老沈在杭州买学区房前后，我们开始相约旅游。最初是2011年9月的河北之旅，包括蓟州区独乐寺观音阁、承德外八庙、山海关与秦皇岛等，那时起我开始对每处名胜拿相机莫名一顿狂拍产生乐趣。这样的机会并不多得，之后老沈参加过我们工作团队的河西走廊考察，以及与他同行刘津瑜教授向导的希腊、罗马之旅。当我提出寻宋之旅时，老沈欣然同意，他唯一的要求是顺访其他名胜———这是个无可挑剔的提议。

三、寻宋何处？

日本僧人成寻（1011—1081）的《参天台五台山记》是宋史研究的一个热点。成寻往来天台经过海宁长安镇，在日记中留下现存宋代文献中对长安闸、坝交通方式最详尽的描述，成为“大运河（长安闸）遗产展示馆”布展的重要史料依据。长安镇是我和老沈的家乡，一直想在寻宋系列中写一篇长安闸坝，可惜对交通、考古所知甚少，扯些童年记忆则有离题之嫌，还是知趣收笔。

不过讨论“寻宋何处”，可以拿这个话题当引子。年少也知道海宁中学的“三女堆”（东汉）及街市中心的虹桥（明清）是古迹，但对于长安是千年古镇并没有确切的概念。我家就住在上闸桥边上，上小学多走中街经虹桥下“反帝桥”而至，沿河回家会被家长认为不安全，但可以看到机械牵引的长安翻水坝，下塘河的船置于铺满橡皮轮胎的铁筏上拖曳过坝，边上的宅屋略显沧桑。即使从大人那里听说过以前是以牛牵船，也万万没想到这些还是宋代古迹——除翻水坝，还有长安三闸遗址所在的上闸桥及稍北的中闸桥。

后来知道宋代的长安闸坝、明清的长安米市、太平天国运动中长安镇的战乱等历史知识，发现就读的小学很久以前是热闹非凡的胡公庙，这时我意识到日常生活的历史记忆可以如此淡薄甚至隔绝，历史未必延续性生长——比如那时长安镇的居民主要是太平天国运动以后周边县市的移民。如果脱离文史专家们撰述的大运河史、古镇史，回到长安镇的现场，宋代长安闸坝的历史信息或隐或显，散布在相互隔绝的空间与物质形式中：

（一）纪念场馆：政府为宣传世界文化遗产，在虹桥下新建“大运河（长安闸）遗产展示馆”。记忆中这里最早是大会堂兼剧场，姜昆曾在这里有专场演出，后来改成电影院，再后来是家具厂。寻宋途中我不时对老沈感叹一句，“没想到我们自幼生活在世界文化遗产中呢”——这种历史记忆其实不属于小镇居民，而是全球化的产物，生产线相当漫长。

（二）文物遗迹：郑嘉励在《长安坝》中写道："2012年，为了配合大运河'申遗'，我在长安住过半年，任务之一，是把长安老坝发掘出来。"那年长安闸、坝之间的河水被抽干，"掘出来"的无非是闸、坝遗址的几处石槽，拍完照片又淹没在河水之下。如今可以端详、触摸的长安坝文物，只有立于坝上的清光绪八年（1882）《新老两坝示禁勒索碑》，只能追溯百余年。

（三）事件发生地：如果既没有纪念场馆，文物遗迹也毫无踪迹，那么长安闸、坝的所谓"寻宋"，便只有读着成寻的日记或杨万里的诗句，按图索骥来到一个叫长安镇的地方，在河道上找到一座称为"上闸"的桥，在那里拍照留念，发思古之幽情。

理想之中，历史事件发生地、文物遗迹、纪念场馆应该三位一体，事实上三者属于不同社会文化脉络的产物，往往此起彼伏：文物遗迹才是历史穿越至今的存在；所谓"事件"却是史家文字记述的结果，史书上大书特书的事件，现场往往一无所有；至于纪念场馆，则是后世回响历史的另一个事件。比如在地上文物最多的山西省，被赵光义水淹的北汉晋阳城已经难觅踪迹，杨业兵败的陈家谷口更是不知所在，但这样的历史大事件仍会被我列为寻宋目标；代县雁门关虽说是国家重点文物、世界文化遗产（长城），但所存是明代城墙，景区内外的杨业塑像与祠庙，就属于纪念场馆的性质；文物首推晋祠，此外又有定襄洪福寺、原平惠济寺、忻州金洞寺等众多佛教塑像或建筑，这些真正的宋代遗迹既不能纳入一般的历史叙述，也地处荒僻、人迹罕至，毫无纪念活动可言。

最初罗列的寻宋目标正由这三条线索构成：（1）宋代历史大事发生地；（2）国家或省级重点文保单位中的宋代文物；（3）宋代名人或文化纪念场馆（包括墓地）。以下是当时大概开列的清单：

1.宋代历史大事发生地：

陈桥兵变，河南封丘；

灭北汉，山西太原；

高梁河之战，北京市；

杨业兵败陈家谷，山西宁武；

真宗亲征，大名府；

澶渊之盟，河南濮阳；

真宗封禅，山东泰安；

宋夏战争，宁夏固原，陕西延安；

元祐党争，河南登封；

宋江起义，山东梁山；

方腊起义，浙江淳安；

靖康之变，河南开封；

高宗登基，河南商丘；

仙人关之战，甘肃徽县；

岳飞朱仙镇大捷，河南朱仙镇；

南宋偏安，浙江杭州；

采石之战，安徽马鞍山；

蒙哥之死，重庆钓鱼城；

襄阳之战，湖北襄阳；

文天祥被捕，广东伶仃洋岛；

崖山海战，广东新会。

2.文保单位中的宋代遗迹：

巩义宋陵；

开封繁塔、铁塔、开封府题名碑；

雄县古战道；

正定隆兴寺；

定州开元寺塔；

大名五礼记碑；

太原晋祠；

应县木塔；

银川西夏王陵、承天寺塔；

大足石刻；

安岳石刻；

赣州城墙；

苏州文庙宋代石刻、玄妙观三清殿、保圣寺罗汉塑像；

泉州洛阳桥、草庵、老君岩造像、伊斯兰教圣墓等；

莆田元妙观三清殿、木兰陂；

桂林龙隐岩摩崖（元祐党籍碑等）；

阳江南海一号南宋沉船；

杭州六和塔；

湖州飞英塔；

宁波南宋石刻博物馆及史氏家族墓葬群、保国寺；

绍兴宋六陵。

3.宋代名人或文化纪念场馆：

苏轼：黄冈赤壁、纪念馆，眉山祠、家族墓，杭州苏堤、纪念馆，惠州西湖六如亭，常州纪念馆等；

朱熹：建阳墓、考亭书院，上饶、武夷山纪念馆，婺源祖墓；

欧阳修：郑州墓，滁州醉翁亭，永丰西阳宫；

范仲淹：洛阳墓，苏州纪念馆，邓州花洲书院；

岳飞：汤阴、杭州、朱仙镇祠庙；

王安石：抚州纪念广场，宁波祠庙，南京半山园；

文天祥：吉安墓，海丰方饭亭，温州祠；

二程：洛阳墓，登封嵩阳书院；

杨业：雁门关；

胡瑗：湖州墓；

周敦颐：九江墓；

张载：眉县祠；

包拯：合肥墓；

曾巩：抚州纪念馆；

司马光：夏县墓；

韩世忠：苏州墓；

陆九渊：抚州墓；

陆游：绍兴沈园；

理学：铅山鹅湖书院，九江白鹿洞书院，长沙岳麓书院，商丘应天书院。

以上清单勾勒了寻宋计划的整体格局，实际的寻宋行程受时间、交通、活动等各种因素的影响，分为与老沈的专程旅行、家庭游及学术活动的顺访、杭州宋史学人的专题考察等不同类型。最近整理照片，发现有大小约四十次可以归为寻宋之旅，寻访所至远不止以上所列，但也有一些最初的计划至今尚未完成。

四、四十次行程

我与老沈同行的寻宋之旅有二十余次，其中周边自驾七次，高铁、航班抵达后租车多地穿行则有十四次。具体包括：

（一）2015年3月2日，杭州宝石山。寻宋目标：牛皋墓，紫云洞，岳王庙（岳飞墓），贾似道半闲堂（半闲亭，抱朴道院红梅阁），保俶塔，大石佛院造像。步行约10公里。

（二）2015年3月12日，湖州。寻宋目标：胡瑗墓，铁佛寺，飞英塔，月河街，子城遗址，大小玲珑山，弁山黄龙洞，霅溪。周扬波教授及当地文人雅士陈先生、画家钟先生、考古工作者莫君等陪同出游，自驾约200公里。

（三）2015年3月28—29日，上海。寻宋目标：龙华塔，法华塔及州桥，嘉定孔庙（科举博物馆），秋霞圃（邑庙），古漪园，云翔寺双塔，方塔园（兴圣教寺塔），李塔。高铁往返，上海市内公共交通约150公里。

（四）2015年4月7—12日，赣州、吉安、上饶等。寻宋目标：赣州通天岩，赣州城墙，郁孤台，八镜台，建春门浮桥，夜话亭石碑，赣州文庙及慈云塔；吉安白鹭洲书院，永丰县沙溪镇西阳宫（泷冈阡表）及欧阳观墓，文天祥陵园，净居寺，吉州窑遗址；铅山鹅湖书院。高铁往返杭州，当地公共交通约1100公里。

（五）2015年4月29日—5月5日，银川、武威、固原。寻宋目标：银川承天寺塔，西夏王陵；武威重修护国寺感应塔碑，武威文庙，大云寺；固原大营古城，定川砦遗址（上店子古城址），好水川遗址。顺访镇北堡影视城，宁夏博物馆，鸠摩罗什寺，天梯山石窟，秦长城遗址等。航班往返杭州，当地公共交通及租车自驾结合，约2000公里。

（六）2015年7月4—6日，马鞍山，宣城。寻宋目标：马鞍山采石矶，宣城敬亭山广教寺双塔。顺访朱然墓，李白墓等。全程自驾约700公里。

（七）2015年7月14—21日，登封、巩义、开封、封丘、郑州。寻宋目标：登封中岳庙，嵩阳书院，崇福宫，初祖庵；巩义宋陵；开封铁塔，繁塔，龙亭，大梁门与朱雀门遗址，包公祠、开封府、大相国寺，开封博物馆；朱仙镇岳飞庙、清真寺；封丘陈桥驿。顺访嵩岳寺塔等名胜约10处。高铁往返杭州，当地自驾约650公里。

（八）2015年7月29日—8月2日，泰安、曲阜。与老沈同行亲子游，顺访景灵宫遗址、寿丘等宋代遗迹，泰山、岱庙、周公祠、孔庙均有宋真宗遗迹。高铁往返，当地行程约200公里。

（九）2015年9月6—13日，定州、保定、石家庄、赵县、濮阳、汤阴、安阳。寻宋目标：定州开元寺塔；雄县古战道；赵县大观圣作碑、陀罗尼经幢；大名石刻博物馆五礼记碑；濮阳澶渊回銮碑；汤阴岳飞庙，昼锦堂。顺访殷墟等名胜近二十处。航班往返，当地自驾约1500公里。

（十）2015年10月17—23日，太原、五台、代县、应县、朔州、忻州。寻宋目标：太原晋阳古城遗址，晋祠；定襄关王庙、洪福寺；繁峙岩山寺；代县雁门关、新旧广武城；朔州崇福寺；应县木塔；原平惠济寺；忻州金洞寺。顺访五台山名胜。航班往返杭州，当地自驾约1300公里。

（十一）2016年2月15—17日，江门、阳江、珠海。寻宋目标：江门崖山海战旅游区，阳江海陵岛南海一号沉船博物馆、张世杰墓；外伶仃岛。顺访开平碉楼群等。航班往返，当地自驾约1000公里。

（十二）2016年3月25—28日，重庆、大足。寻宋目标：合川钓鱼城遗址，涞滩古镇、二佛寺摩崖造像，大足石刻等。当地自驾约500公里。

（十三）2016年6月9—11日，宁波。寻宋目标：南宋石刻公园，忠应庙（王安石纪念馆），大运河水则碑，宝奎巷高丽使馆，保国寺。全程自驾约600公里。

（十四）2016年11月18—20日，襄阳、黄冈。寻宋目标：襄阳古城，米公祠，李曾伯纪功铭；黄冈赤壁，苏轼纪念馆，安国寺。顺访钟祥明显陵等。高铁等往返，当地租车自驾约800公里。

（十五）2017年1月23日，大理。与老沈同行家庭游，顺访元世祖平云南碑。

（十六）2017年2月18—20日，苏州。寻宋目标：吴江东庙桥，天平山范文正公忠烈庙，灵岩山韩世忠墓，紫金庵罗汉像，苏州文庙宋碑，沧浪亭，景范中学（范氏义庄），玄妙观。全程自驾约450公里。

（十七）2017年6月2—11日，盱眙、徐州、济南、商丘、滁州。寻宋目标：盱眙第一山；徐州黄楼；济南灵岩寺；东平水泊梁山风景区；商丘应天书院；滁州醉翁亭。顺访嘉祥武氏墓群石刻等众多古迹。全程自驾约2500公里。

（十八）2017年9月28日—10月1日，福州、莆田。与老沈等分别旅行，老沈行程又包括泉州。寻宋目标：福州华林寺大殿、鼓山摩崖；长乐圣寿宝塔；莆田元妙观三清殿，释迦文佛塔，木兰陂；仙游万寿塔；湄洲岛妈祖庙；泉州洛阳桥、文庙、伊斯兰教圣墓、清源山石造像群、九日山摩崖石刻、安平桥等。全程自驾约2500公里。

（十九）2018年4月7—11日，九江。带学生实习，老沈同行。寻宋目标：周敦颐墓，观音桥，岳母墓，周敦颐爱莲亭，落星墩，石钟山，浔阳楼，东林寺，白鹿洞书院。全程自驾约1500公里。

（二十）2018年7月28日—8月5日，安岳、汉中、徽县、广元、阆中、眉山。与包伟民、陈晓燕老师及老沈同行。寻宋目标：安岳石窟；汉中东塔；徽县仙人关遗址；广元剑门关；阆中张宪祠；成都王建墓；眉山三苏祠、苏洵家族墓。顺访三星堆等。航班往返，当地自驾约2500公里。

（二十一）2019年4月28日，长兴，德清。寻宋目标：章惇墓，韩彦直墓，寿昌桥，防风氏祠。顺访谢安墓等。全程自驾约350公里。

以上寻宋行程仅自驾及公共交通约2万公里，计入航班、高铁的长途往返则不下5万公里。

此外，因以参加学术会议、考察或其他学习活动顺访宋代遗迹有5次，包括：（二十二）2015年5月北京首都师范大学学术会议，西直门外寻访高梁河战役故地；（二十三）2015年11月延安学习活动，顺访宝塔山“嘉岭山”等摩崖题刻；（二十四）2016年4月，张小也教授组织麻城学术考察，顺访陈慥墓等；

（二十五）2017年12月深圳大学学术会议，顺访宋少帝（赵昺）陵；（二十六）2019年3月15日，南京大学学术会议，与周扬波教授同行寻访定林寺。

家庭游两次：（二十七）2015年8月广西之行，顺访桂林龙隐岩石刻（元祐党籍碑等）；（二十八）2019年2月广东之行，宋代遗迹包括惠州西湖六如亭，汕尾壮帝居、方饭亭，潮州韩愈祠。

省内各种活动寻访宋代遗迹十余次：（二十九）2017年单位组织考察活动，包括安吉独松关；（三十）2019年5月与曾晓祺同行温州寻宋，包括平阳宝胜寺双塔，瑞安圣井山石殿、陈傅良墓，温州国安寺塔、三港殿、温州博物馆（海神庙残碑等）、妙果寺、叶适墓，乐清王十朋墓、苍坡村、能仁寺、东塔等；（三十一）2019年宁波学术会议参观史氏墓葬群及宋代石椅。郑嘉励老师多次组织考古现场参观活动，包括（三十一—三十四）吕祖谦家族墓、嘉兴杉青闸（宋孝宗出生地）、绍兴宋六陵、杭州德寿宫等。当然，家住杭州，本地游时也处处可寻宋代遗迹，如（三十五—四十）径山寺、杭州孔庙、六和塔、老龙井（胡则墓、辩才塔）、大麦岭苏轼题刻、凤凰山南宋皇城遗址等。以上四十次寻宋之旅，尚不计入2012年与2014年泉州与合肥包公祠的家庭旅游。

五、何所寻？

寻宋，真能寻到什么吗？不就是游山玩水？

这就是灵魂拷问了。

我跟考古散文家郑嘉励说，因为文物、考古方面的知识储备太少，那些让我震撼的精美宋代文物，比如大足石刻、安岳石刻（多为佛教遗迹），我怕是一个字也写不出来。

寻宋，甚至谈不上是田野考察。以前困惑地问过做历史人类学研究的同事，你们明清史研究能在田野中发现历史延续至今的社会格局与文化传统，这样的期待并不适用于宋史研究，而碑刻等考古文字资料同样可以在书斋中获得，对于宋史学者而言，田野考察的意义何在呢？同事的回答是：“去看看吧，你能获得某种感性认识，谈不上对研究有什么直接推动，但看与不看完全是两码事情。”诚哉斯言，这让我坚决了去任何研究对象的现场走走看看的决心——但寻宋之旅并没有一个明确的研究对象。

重新审视寻宋的初衷，虽然并不清楚自己会写点什么，但不是为宋史专题研究寻找史料，没有把宋代遗迹当作研究对象，也不是为宋史通俗读物配备风景插图。从历史大事发生地的构架来看，应该有在书本以外寻找宋代叙述脉络的预期，然而这样的机会可遇不可求。

寻宋过程中可以记录的旅行体验、知识刺激极为丰富。比如在无数次游览过的杭州宝石山抱朴道院第一次关注到红梅阁与贾似道传说有关；在赣州宋代城墙众里寻他千百度的“熙宁二年”砖铭就在我们徘徊的脚下；良久从西阳宫里面为我们开门的女士竟是欧阳修族人；山西众多赫赫有名的古建筑散布于不起眼的远村荒街，导航出错能把我们导到另一个毫不相干的国家重保地址（寻繁峙岩山寺不得而邂逅秘密寺），在岩山寺门口半小时后，等来了驾驶着拖拉机满载谷物与家人的文物管理员；在车流量近乎是零的高速上碰到瞌睡的收费员，还有大营古城边上的水沟散发着工业废水的恶臭、世遗嵩岳的崇福宫内能看见一片玉米地以及啄食于古碑间的土鸡、巩义宋陵有一半辟地保护还有一半农耕繁忙，以及那些前所未有的驾车体验，在雁门关能见度为零的云雾之中、350公里蜀道的瓢泼夜雨之中、行驶三次不知路在何方的石家庄机场高架之上……为了压缩旅行时间并保持普通游客的体验，寻宋全程几乎从不联系相关单位或当地师友，路边烤红薯解决中饭成为常态。某日夜幕降临前，在空气严重污染的峰峰矿区的破残公路上，寻访早被盗卖得七零八残的响堂山石窟时，可能因为心情比较紧张，我终于感觉自己走到了历史深处，成为穿越时空的旅行者，至少在某一刻脱离了那种淤积冗余情绪的书斋生活。

以上这些体验让我逐渐喜欢作为旅行者的生活，但都不符合寻宋的初衷，不会成为我写作的源泉。念念不忘，终有回响，不停地走，总有不期而遇的一刻。写作意念的闪现，首先是在封丘陈桥镇的宋太祖黄袍加身处，看到“陈桥驿”下挂着另一块匾额“显烈观”的时候；然后在曲阜少昊陵观览令人困惑的寿丘，并在这里发现更重要的宋代遗迹——景灵宫遗址及万人愁碑的时候。这种意念在山西更加清晰起来，在莫名感觉晋祠的宋代彩塑过于阴沉的时候，在农家庭院的迷人秋景中寻访难以理解的杨七郎墓的时候。在这些时刻，我会突然觉得史书的叙述如此熟悉而陌生：陈桥兵变与徽宗崇道都是反复咀嚼过的研究议题，两者的关联即使被记录在浩瀚的文献中怕也难以引起士大夫的兴趣；本以为少昊陵是多么远古的遗迹，难不成比宋真宗的奇怪发明“寿丘”还晚近一些，万人愁碑又是什么？这些似乎都是宋人避免讨论的话题。

这些意念的积累，让我逐渐意识到这些旅行的真正目标。寻宋，是寻求那些被过于强大的士大夫历史书写所屏蔽的、散落于历史遗迹中的微弱历史信号，以此补充、丰富乃至重构宋史的叙述脉络。

2018年春我开始在浙大高研院驻访后，一些熟悉的朋友提醒我可以将寻宋的写作纳入计划。我开始梳理这些旅途中闪过的意念，考量以遗迹为线索的宋史叙述的可能性。从那时起，寻宋旅途中点滴体验，被我在宋代的人物、事件、关系、情感中重新拆解、排列、组合，从尝试到套路，形成了这种似游记非游记的写作模式。

六、新士人写作

前两天，在朋友圈看到沐斋（宁锐）举办畹庐空间开幕雅集“十亩之间”。我与沐斋似未谋面、神交已久。十多年前浙大人文学院的研究生群有一批资深的文艺青年，我因为租房在外显得疏远。大概在各自散去之后，扬波兄跟我介绍这位有趣的书画家沐斋，便有一阵在微博上瞎聊。沐斋在微博上贴出他的画作实在让我惊喜，他对兰花的培育、品鉴、写意固然独步江湖，而我更喜他大开大阖的山水画（如西湖十景）。有时候，他自己或是他的朋友的日常生活也会入画，于是在写意国画中看到自行车、手提电脑或咖啡杯，我便喜不自胜。那时起沐斋发起“新士人”运动，计划办刊物并组织文艺社团，三五位还热烈讨论何谓“新士人”的问题。再后来沐斋出版了《温文尔雅》等一系列艺文集，四处办画展、旅游、制陶、印文化衫与手机壳，果然是文艺成了生活方式，学者、艺术家、作家这些称号便不够他用了。

今天，《温文尔雅》十年后再版之际，如果以沐斋这十年的生活状态来总结“何谓新士人”的问题，会是什么结论呢？琴棋书画、经史子集、儒释道侠这些恐怕尚在浅表，毕竟新士人不排斥理工医社诸学科。所谓“新士人”，士人生活的当下呈现才是关键，而“士”理应是某种特定形式的精神生活，指向“形而上谓之道”的“道”。道，则指自觉追寻某种精神境界的合适途径。

寻宋，应该呈现怎样一种历史叙述，这是从写作伊始面临的问题。这时我会回想起“新士人”的问题。如果说新士人就是创造性地构建自身精神生活的那种人（无论何种形式），那么寻宋写作意味着将遗迹背后的历史故事融入自己的精神世界。这些寻宋的文字并不构成一部旅游指南，旅行体验或有或无、若隐若现，涉及的话题有时在不同时空，甚至虚实之间自由的切换，文思似有跳跃性。但无论如何，寻宋各篇综合起来，仍构成一部完整的宋史叙述，抛开史书的思维限定，在历史遗迹中重构对宋朝风云的想象。

有人指出，寻宋的写作缺乏读者的在场，顾自独行写去。这话多半没错，我本来就追求在写作中带入对当下生活的体验，并且指向内在的精神世界。当下的历史写作理应与这个世界息息相通，我希望在这里“普及历史知识”是一个多余的概念。

宋朝历史遗迹的四种类型

——对寻宋之旅的一点归纳[①]

自2015年与沈波涛兄开启寻宋之旅以来，至今完成的寻宋之旅不下50次，“寻宋”公众号上展示的宋代遗迹影像也有200余组。无论从生活方式、旅行体验还是宋史研学的角度，寻宋之旅于我个人都是十分重要的突破性事件。当下学界、业界及市面上访古的相关活动与作品甚多，需要说明的是，我的寻宋之旅有比较明显的私人性质，最初只是想着走得更远、看得更多，却没有明确的考察目标与写作计划。这就造成了寻宋之旅的结果既是不明确的，也是开放性的。

在《寻宋》（中华书局，2020）小书之外，我

---

① 原载《唐宋历史评论》第10辑，社会科学文献出版社，2022。

对寻宋之旅的认识仍在不断地体会与思索之中。近来萦绕脑际最多的是（1）历史事件；（2）遗迹存留；（3）文化记忆——三者之间的复杂关系。从这个角度出发，似有必要对寻宋所见各处遗迹重新分类审视。在《寻宋》的前言中，我展示过当时为设定行程目标而提出的寻宋之旅的三条线索，即历史事件发生地、不可移动文物遗迹、纪念场馆，三者的区分标准应该说是明确的。但这个分类仅仅是从设定行程目标的实用角度提出的，从历史记忆的角度来讲问题就要复杂得多，核心问题是那些历史印迹为何至今仍呈现在我们面前，今人又将如何从中获得历史信息？由此我尝试将宋朝遗迹分为延续型、宣示性、追忆性、空白型四大类。

一、延续型遗迹

延续型遗迹是指形成时具有历史记忆以外的社会功能，并且其物质形态或原初社会功能长期延续的历史遗迹。历史记忆以外的社会功能主要针对第二类宣示性遗迹而言——宣示性遗迹的典型是碑刻，其最初的形成即以历史记忆为重要功能指向。全国历代最重要、最知名的延续型历史遗迹当数水利工程类的都江堰、灵渠、京杭大运河等。此外比较常见的延续型遗迹还有宗教类的寺院与佛塔、孔庙与书院、道观教宫及各类祠庙，交通城建类的桥梁、城墙、宫殿等。

寻宋所见，延续型遗迹无疑以佛塔及寺院最多，简直不胜枚举。杭州六和塔始建于北宋初年，塔心仍是南宋原构，清乾隆皇帝多次游寺登塔，所属开化寺至民国才逐渐衰落，其宗教功能延续将近千年。至今仍具宗教功能的宋代寺院建筑则以少林寺初祖庵为典型。儒教除曲阜三孔之外，如泉州府孔庙大成殿号称也是宋代原构，宋代的道教建筑则有苏州与莆田的玄妙观三清殿，以及别有意味的济源奉仙观三清殿。三教中宋代延续至今而仍保留宗教功能的多为佛教寺院，具有极高文物价值的孔庙与道观建筑，今天主要承担着博物馆的功能。就观赏性而言，无疑以宗教石窟造像及寺院塑像价值最高。除了令人赞叹的大足石刻、安岳石刻，涞滩二佛寺造像与赣州通天岩造像，也应该归入寻宋必游景点。寺院塑像中，济南灵岩寺及苏州紫金庵的宋代罗汉造像都会让人激动人心，如果以大宋史观计，义县奉国寺大雄殿辽代塑像与朔州崇福寺弥陀殿金代彩塑同样令人叹为观止。道教造像虽然也出现在大足、安岳石刻，但最值得观瞻的却是泉州清源山的老君岩。

三教以外，反而是重要的民间祠庙至今仍可能保留宗教功能。最显赫的是源于宋代的湄洲妈祖庙，首次敕建、敕封均在北宋时期（分别在真宗大中祥符及徽宗崇宁年间）的解州关帝庙不能说已完全丧失信仰的意义。岱庙等五岳的祠庙虽然已经罕见祭祀活动，但毕竟没有改变其供奉山神的性质。此外特别值得推荐的还有瑞安圣井山石殿，不但是宋代延续至今且保存完好的民间祠庙（水井崇拜），而且是中国地面文物中殊为罕见的全石构建筑。虽然今天的圣井山石殿是纯粹的文物保护单位，但游览所见民间信仰活动并未绝迹。

现存的宋代桥梁数量十分惊人，但规模不一，既有惊世之作，更多却是僻乡小桥。中国古代四大名桥中，泉州洛阳桥、潮州广济桥、北京卢沟桥均始建于宋代，其中洛阳桥虽屡次修复，至今仍属于宋代原构并具备交通功能。此外值得推荐的有九江观音桥、义乌古月桥与德清寿昌桥。观音桥是长20余米的纵列单拱榫卯结构石桥，气势雄伟，周边名胜众多，桥底题刻清晰记载建桥年份、筹款僧人及建桥石匠姓名，更令人赞叹的是，建于大中祥符七年（1014）而未曾坍塌过的观音桥可能是中国真正最古老的桥梁。咸淳年间建造的德清寿昌桥保存完好且长达35米有余，嘉定六年（1213）建造的义乌古月桥也有30余米长，其特别之处在于采用单拱纵联分节列砌置法建造，桥拱呈五边形而与《清明上河图》中著名的所谓“虹桥”形制相似。

宋代城墙遗迹的情况就比较复杂。目前保存比较完好的宋代城墙首推赣州古城墙，其次是寿县古城墙。在赣州古城寻觅到的“熙宁二年”砖铭是整个寻宋之旅最兴奋的体验之一，南宋砖铭在赣州古城墙随处可见，寿县古城墙也有“建康许都统造”的砖铭。赣州与寿县的古城墙是典型的延续型遗迹，但也有其他类型的古城墙遗址成为我们寻宋的目标。比如被确定为明代古建筑的第五批全国重点文物保护单位襄阳城墙，因为宋末的襄阳之战而成为寻宋目标。北宋都城开封当然是寻宋的重点，但开封宋城早已不存，现在可寻的大梁门属于景观复建，属于追忆型遗址，大梁门与新郑门发掘的“城摞城”考古遗址则属于本文分类中的空白型遗址。

在水利工程中，京杭运河很大程度上属于宋代的延续型遗址。流经我的家乡的上塘河是京杭运河杭州段的重要组成部分，长安闸、坝是京杭运河上最具代表性的交通水利工程，宋代著名诗人及日僧成寻多有记述，而且就在我老家所居之地（上闸桥）及我上小学途经之处（长安坝），其中长安坝的使用至少延续到我的小学时代。此外莆田的木兰陂是著名的宋代灌溉类水利工程，同样性质的宁波鄞州它山堰始建于唐，现存主体建筑却形成于宋。

如我在《寻宋》前言中所讲，寻宋没有明确的写作计划，我也不是文物考古或旅游方面的学者，因此并不能对所至宋代遗迹一一有所论述。但寻宋对我理解宋史有多方面的启发，撰成小文一般都是因为这些宋代遗迹让我产生某种困惑，进而推动我追究之前忽略的宋史相关问题。不过从遗迹类型的角度讲，这些成为撰文主题的宋代遗迹一般都与历史记忆形成错综复杂的关系。

《寻宋》写作涉及的延续型遗迹主要有三塔一祠一陂。三塔是定州开元寺塔、开封铁塔与繁塔。开元寺塔的情况相对比较简单，在书稿中也属于篇幅最短的一篇。开元寺塔原属的开元寺早已湮灭，目前仅是一处文保单位，但近年有重建开元寺的消息传出。开元寺特别雄伟挺拔，现存11级高度将近84米已经号称“中华第一塔”，最初却有13级之高。定州开元寺塔的特别之处是地处宋辽边境，因其惊人的高度而被认为具有瞭望辽国军情的功能，有“料敌塔”的称号。现在的开元寺塔一般不开放登塔，我也无缘得见塔内众多的题刻。题刻内容多为当地军民佛教结社施捐的题名，其中一处有施主提及为祈求寻得陷于敌境的母亲而施财并得偿所愿的记录，令人深切感受边境生活之艰难，小文的撰写实由此而起。至于开封铁塔与繁塔，其实是北宋东京仅存的延续型遗迹，在靖康之难后历尽沧桑，见证了开封城的千年变迁。

一祠即晋祠。记得中学课文有《晋祠》一篇，盛赞晋祠圣母殿仕女彩塑，不过我目之所及其观赏性恐不及灵岩寺、紫金庵罗汉塑像。唯晋祠主殿所祀由唐叔虞易位为其母邑姜实乃千古之谜，《寻宋》小文围绕晋阳对于宋政权的特殊意义重新铺陈此事。不过在此之外，延续数千年的晋祠的整体格局几乎综合了中国古代政治文化所有的要素。儒释道三教尚在其次，民间信仰中的水神崇拜、无土不王的封建制度及纵横讨伐的帝王意志——这三者的纠缠才构筑了晋祠延续、层叠及错位的建筑格局奇观。

一陂是木兰陂。莆田木兰陂与鄞县（今鄞州区）它山堰跟王安石都有若即若离的关系。以木兰陂来写王安石遗迹，正好突出实用工程延续型与追忆性遗迹的反差。有关王安石的文献记载或专题研究卷帙浩繁，但他在历史遗迹中几乎已经消亡。这里当然涉及历史评价的问题，但王安石毕竟不是钦定的奸臣，拥有过接近圣贤的地位，以丞相、太傅的地位下葬，历史上有高规格的陵墓与祠庙，但宋代延续至今的王安石遗迹几乎无处寻觅。历史遗迹中有关王安石的历史记忆基本处于湮灭状态，这种视角下木兰陂就会成为非常特殊的对照与呼应。木兰陂是地方土豪兴建而泽被至今的水利工程，虽然无法跟王安石直接联系起来，但其成功无疑得益于熙丰变法中的农田水利法。站在木兰陂追忆王安石，禁不住感叹功业仍在而功名乌有，但正如苏轼在《王安石赠太傅制》中所言，“方需功业之成，遽起山林之兴。浮云何有，脱屣如遗”，这何尝不是王安石人格的写照！

沧海桑田、变幻无常似乎是历史的常态，在这样的背景下，亘古延续的社会现象与历史遗迹都是值得赞叹的文化结晶与人间奇迹。因此对延续型历史遗迹的理解与处置，就不应该等同于被本文归为空白型遗址的考古遗址。延续型遗迹不仅具备更高的文物与历史价值，更是真正将历史与现实一体化的物质与社会实践的载体。换言之，只有在延续型遗迹面前才能真切体验到自己仍然置身于历史的情境中，而寻访其他类型的遗迹更多感受到的是历史书写的权力意志、历史文化的构建性、历史时间的断裂性。

二、宣示性遗迹

宣示性遗迹其实就是碑刻与摩崖两大类文献型历史遗迹，其原初制造的唯一目标就是向世人展示、为后人保存历史记忆，文献刊石是这类遗迹的固有形式。当然相对而言，摩崖提供的文字信息比较简单，一般只是“某某到此一游”的记述或山水题名、赞语、诗句之类。也有文字特别多的摩崖，如桂林龙隐岩的元祐党籍碑及泰山的唐摩崖、宋摩崖。但这类摩崖就文献内容而言可以直接归为碑刻，只不过以山为碑更加宏伟、更具展示性而已，如元祐党籍碑自题为“碑”且是北宋碑文的复刻，泰山唐摩崖、宋摩崖均自题为“铭”，而且宋真宗的《登泰山谢天书述二圣功德之铭》（宋摩崖）本身就是五巨石碑刻的复本。

散落各处的宋代名人或籍籍无名者的摩崖难以完整统计，寻宋所见以福州鼓山最为繁密壮观，以桂林龙隐岩摩崖别具政治意味。不过写入《寻宋》小文的摩崖是延安嘉岭山。嘉岭山摩崖唯“嘉岭山”三字号称范仲淹手题，其余实为后世赞颂范仲淹之辞，如“先忧后乐，出将入相”“胸中自有数万甲兵”“泰山北斗，一韩一范”，等等。不过这篇小文将嘉岭山范仲淹摩崖放在宋夏战争与范仲淹其他遗迹之间进行比照确实别有趣味。宋夏战场是访古爱好者热衷的目标，我们也寻访了好水川、大营古城（葛怀敏养马场）、上店子古城址（定川寨）等宋夏战争遗址，但这些都应该被我归为空白型遗迹。小文中还提到苏州天平山范仲淹的祠庙、商丘应天书院及洛阳范仲淹墓、岳阳楼等各处范仲淹的追忆性遗迹。而延安嘉岭山摩崖作为宣示性遗迹正处于空白与追忆之间，或者说是历史的记忆与遗忘之间。从范仲淹研究的角度讲，这提示一种非常重要的现象，即范仲淹之于宋夏战争是极重要的一环，但后世对范仲淹形象的塑造更多强调他先忧后乐的精神及范氏义庄的影响，范仲淹生平行迹与历史记忆之间存在着较为明显的错位。

宋代碑刻不计其数，早已是宋史研究的重大课题。《寻宋》各篇涉及的碑刻者尤多，计有11篇小文，涉及16种碑刻，包括晋祠的宋太宗《新修晋祠碑铭并序》，定州开元寺塔的《刘希遵碑》，濮阳宋真宗的《回銮碑》，泰山宋摩崖即《登泰山谢天书述二圣功德之铭》，曲阜《万人愁碑》，岱庙的《大宋天贶殿碑》，桂林的《平蛮三将碑》，滁州的《醉翁亭记碑》，永丰的《泷冈阡表碑》，安阳的《昼锦堂记碑》，杭州的《表忠观碑》，桂林的《元祐党籍碑》，赵县的《大观圣作之碑》，大名的《五礼记碑》，莆田的《万寿宫诏碑》，以及《开封府题名记碑》。

《寻宋》多凭碑刻撰文无疑暴露了史学工作者对文字的特殊偏好。这些讨论碑刻的篇章有时只是单纯讨论碑刻上文字背后的故事，比如《泷冈阡表碑》的文字形成过程构成了这一篇文字的主线。但是其中数篇却是展示碑刻与历史记忆的复杂关系，涉及碑刻的制造、销毁与再造等复杂的问题，对于如何在历史研究中更好地解读文本殊有启发意味。

碑刻制造的故事以苏轼的《表忠观碑》最为典型。世人皆称《表忠观碑》刻于元丰、毁于崇宁，其实苏轼自称此碑“不见入石”，也终身未见表忠观的建成。表忠观及碑直到南宋高宗宣称“最爱元祐”才有机会面世，元毁后明代再次重刻。这段历史涉及苏轼党争史与两宋之际政治路线的切换，本来已是一个精彩的故事。但对我触动更大的是苏轼一生纠缠于表忠观的修建与此碑刻石的问题，这背后除了苏轼党争史，更与入宋后朝廷如何处置吴越国皇室财产及钱氏家族的问题密切相关，可以说完全拓展了我对宋朝与十国政权关系的问题意识。令人意外的是，2020年小书《寻宋》出版之际，杭州钱王祠景区重新发掘了失踪已久的南宋刻表忠观碑碎石四块，正可谓是念念不忘，必有回响。

崇宁年间有一次毁禁元祐党人文字的运动，据说除了杭州大麦岭的苏轼题刻，苏轼碑刻无一幸免，《寻宋》涉及的就有滁州《醉翁亭记碑》。真正令人震惊的是宋真宗《登泰山谢天书述二圣功德之铭》的破坏并不是迫于朝廷的政令，而是出于地方文人的无聊之举。将泰山之巅的宋真宗摩崖磨平后复刻寇准的《咏华山》总让人感到一丝荒诞，事实上关系到史籍对寇准与宋真宗相关史迹的反复掩盖与扭曲，因此泰山之行是我此后对寇准与真宗朝历史开展专题研究的重要因素之一。《寻宋》这一篇还提到另一通非常特殊的碑刻，那就是中国古代形制最大（高16米）的曲阜《万人愁碑》。从制造与销毁的角度来讲，《万人愁碑》的高大，本身是宋徽宗政治幻想的体现。《万人愁碑》未刻文字并非武则天无字碑式的功过难评，而只是北宋的速亡以致未及时刻石。如果说最大的碑刻未及刻上文字的故事已经足够精彩，那么清朝有意将其扑倒断毁才让人真正体会到历史的诡异，让人惊叹很多史家熟视无睹的文字会在田野中暴露出隐秘的邪魅。

至于说碑刻再造的故事，印象最深一是南宋“最爱元祐”之后，元祐“奸党”后人在桂林重刻《元祐党籍碑》，二是徽宗年间知大名府梁子美磨平柳公权撰文并书丹的《何进滔德政碑》，替之以宋徽宗的《御制大观五礼之记》。此外还有撰写《寻宋》时未及寻访的《司马光神道碑》，现在所见是宋代碑额、碑座与明代重刻碑身的组合。《司马光神道碑》由苏轼撰文书丹，但并非毁于崇宁年间，而是毁于曾经亲篆碑额的宋哲宗亲政伊始，以致明代朱实昌重建此碑成了对一段破碎历史本身的拼补。

之所以将摩崖与碑刻称之为宣示性遗迹，是因为其制造本身体现了历史书写的权力意志。而摩崖与碑刻出现之后的显隐、存毁、移动与重造，无不构成一部书写权力的斗争史。

三、追忆性遗迹

追忆性遗迹是指宋代文物本身并未延续或者在宋代本来就没有物质形态，后人出于追忆、纪念或虚构历史关联的需要而重建或新建的文化设施。个人认为这是理解历史遗迹非常重要的视角，但这里必须区分屡毁屡建与重建、新建之间的区别。长期保持原状的文物其实非常罕见，屡毁屡建是文物延续的常态，而追忆性遗迹的重建是指原来的文化设施已经长时间消失，其遗址已另作他用的情况下再度出现，这里的长时间往往以一个朝代的长度来计量。举一个对比性的例子，滁州醉翁亭是延续性遗迹，而苏州沧浪亭可以归为追忆性遗迹，理由是两者不同的重建记录：

至于醉翁亭景区，北宋欧阳修守滁后盛极一时，政和年间开始衰落，宋金战争时毁于兵火。绍兴二十年（1150）醉翁亭重建后稍有恢复，开禧北伐时又遭金兵焚毁。元代醉翁亭曾有重修，明代再次兴盛，有记载的重建葺治就有七次，并由东而西形成了醉翁亭、二贤祠、冯公祠、宋宝斋、毕春亭、梅亭等组成的建筑群，文人题咏层出不穷。清代醉翁亭景区平稳维持，又毁于咸丰兵乱，同治年间多方资助得以重建，二贤祠也变成了欧、苏两文忠公的祠堂（原祀王禹偁与欧阳修）。此后再经1925年大修，增建醒园，1940年又毁于日军，再由琅琊寺僧逐渐整修。中华人民共和国成立后，醉翁亭于1956年列为省级重点文物保护单位，1961年建成了欧阳修纪念馆，1981年重刻苏碑，1983年新建六一亭，现今的欧阳修纪念馆则是2003年复建而成。

章氏失势后，绍兴年间抗金大将韩世忠

> 便从章家夺走沧浪亭，沧浪亭由此改称“韩园”……元明时期，韩园废为寺庵，但仍有文人在庵中寻访沧浪亭。清康熙年间，先后有江苏巡抚建苏舜钦祠与沧浪亭园林。民国时期，沧浪亭先后成为修志局、医学堂等。1932年又在此设立苏州美术专科学校，建起希腊柱廊式新校舍。

不难发现，醉翁亭的重建在两宋元明清及至民国从未间断，而沧浪亭在南宋被韩世忠占有后可能已经消失，元明两朝则长期“废为寺庵”而了无痕迹，只是作为文人追忆的对象存在于精神世界之中。康熙年间明显是为纪念苏舜钦而重建沧浪亭，这就完全符合本文对追忆性遗迹的界定。

寻宋所见追忆性遗迹以名人纪念馆及陵墓为主，而且纪念对象均有特定价值指向，主要就是著名文人与理学家，抗金、抗元英雄及南宋流亡政权，这些宋代追忆性遗迹非常清晰地呈现了后世宋史记忆的基本脉络，有助于我们理解宋朝作为文化遗产具有的特定含义，也为反思宋史研究提供了特定的视角。

落实到具体的追忆性遗迹，又有以下诸多话题值得讨论。首先是陵墓作为历史遗迹的不同形态问题。我们寻访过的宋人陵墓数量十分之多，其中称得上延续型遗迹的宋代陵墓包括赫赫有名的杭州岳飞墓、郏县苏轼墓（三苏墓）、九江周敦颐墓、洛阳二程墓等等。而规格更高的宋朝的巩义皇陵与绍兴六陵以及现在相当著名的西夏王陵，都在改朝换代时遭遇系统性破坏，现在所见不过是一堆废墟甚至早已夷为平地，至今只是文物保护与考古发掘的对象，除了零星的赵氏后裔可能会有祭祀活动，这些帝王陵墓作为追忆性遗迹的功能似乎也并不存在——毕竟没有人会主张像纪念岳飞或者苏轼、二程那样去纪念宋、夏的帝王。因此宋代最高规格的陵墓虽然具有极高文物价值，却既非延续型也非追忆性，只能被我归为空白型遗迹。除了帝王陵墓，类似的还有以石像生著称的宁波史弥远家族墓。另一种情况是陵墓的地面部分早已湮没，但地下部分仍较完整并通过考古发掘重现天日，如非常有名的黄岩赵伯澐墓，以及稷山马村砖雕墓（据称该墓没有棺木而直接陈尸于尸床，尸骸已“化有为无”），这种情况中墓葬的功能虽然长期延续，墓葬作为纪念场所的功能则早已消失殆尽。

《寻宋》涉及周敦颐墓是介于延续型与追忆性之间的遗迹。周敦颐墓在两宋元明清之间从未消失，问题是如果不是南宋朱熹极力抬高周敦颐在理学史上的祖师地位——为此甚至不惜篡改周敦颐的生平事迹，周敦颐的墓可能在南宋就已湮没。而如果不是湘军进入江西后刻意抬高他们这位乡贤，也不会形成现在这样宏大规模的周敦颐墓。所以周敦颐墓的延续其实是由两次特殊的追忆需求构建起来的。

还有一类作为追忆性遗迹出现的宋代陵墓就比较特别，比如代县一个农家院落中出现的杨七郎庙及“宋赠武勇将军延兴杨公神墓”。其实附近鹿蹄涧村的杨忠武祠也只是附会民间杨家将戏曲的结果，这个杨七郎墓就连附会都谈不上而属于凭空想象的产物。类似的情况还有深圳的宋少帝墓、阳江的张世杰墓，这些由南宋流亡政权的民间传说衍生出来的陵墓及其他遗迹（如汕尾壮帝居），构成了两广及福建地区独特的宋朝历史记忆现象，非常值得相关的学科展开专题研究。

一般来说，追忆性遗迹在满足重建者历史记忆需求的同时往往掩盖其他历史痕迹。比如沧浪亭在元明是寺庵，民国以来也建设过苏州美术专科学校等机构，但今天的沧浪亭主要作为苏州园林的代表而存在，而苏舜钦是这座园林的精神核心。类似的情况还有半山园，其实王安石在世时就已舍宅为寺，历史上并没有作为王安石遗迹的半山园，直到1984年该遗址所在的海军指挥学院才以王安石故居的名义新建起几间命名为“半山园”的房屋。

另一种特殊的情况是其他历史遗迹过于辉煌，以致不可能被追忆的对象所掩盖。登封嵩阳书院的宋代文物只有几处不起眼的碑石，二程兄弟及司马光在此编修《资治通鉴》的事迹在史籍中的记载相当含糊，但嵩阳书院这个名号显然是为追忆北宋反变法派士大夫而设立的。问题是这里更可能引起访古者兴趣的是汉代的将军柏、东魏的《嵩阳寺造像碑》与唐代的《大唐嵩阳观纪圣德感应之颂碑》，宋代的嵩阳书院不过是绚烂的嵩阳文化史的尾声——这也意味着历史记忆的依据从来不是文物价值，而只是某种特殊的信仰。

今天，我们仍然会依据现实的需求新建追忆性历史遗迹，这本是正常现象。最新的案例是杭州的德寿宫遗址，原本作为考古遗址应该被本文归为空白型遗址，但是随着承担“南宋博物院”功能的德寿宫宫殿复原工程的完成，德寿宫遗址将成为新时代追忆性遗迹的一个典型。

四、空白型遗迹

空白型遗迹有两种可能。一种是发生过历史大事件，但本来没有文物设施，后来也无人构建纪念性场馆，只是仍会成为历史凭吊的场所。比如杨业兵败的陈家谷，或者宋军惨败的好水川战场，事实上这些战争的具体发生地点已无从确认，更遑论有任何的文化设施。另一种是曾经有辉煌的文化设施，但遭破坏后几乎夷为平地，也再无人重建或新建文化设施——这当然不包括考古发掘与单纯的文物保护工作。比如长期成为一片茶园的绍兴宋六陵就是后一种空白型遗迹的典型。

就第一种情况而言，几乎所有已经消失的宋朝物质景观都可以计入，比如两宋的皇城早已灰飞烟灭。我们今天在空白型遗迹中寻宋主要包括以下几种情况：一种是即便了无痕迹的重大事件发生地，比如在徽县铁山风景区瞭望仙人关战争遗址杀金坪，或者在北京西直门外凭吊高梁河之役，在马鞍山采石矶遥想虞允文与完颜亮的对峙。大量仅具有文物保护价值的考古遗址也可以归为空白型遗迹，比如宋夏战争遗留众多古堡寨遗址，如大营古城（葛怀敏养马场）、上店子古城址（定川寨）等；各种宋代窑址；不再作为纪念场馆的宋墓遗址，除前面提到的宋夏帝王陵与宁波史氏家族墓，还有长兴章惇墓等；宋代重要宫观遗址，如曾经沦为养殖场的登封崇福宫、只剩几处残石的曲阜景灵宫、杭州洞霄宫等等。

就空白型遗迹的视角而言，陈桥驿是一个非常特殊的案例。陈桥兵变发生后，陈桥驿长期只是“城北一传舍”而毫无纪念性质的场馆，直至宋徽宗突发奇想将其建成纪念宋朝开国的显烈观。但显烈观不久就在靖康之难中化为乌有，元明时期只是一处空白型遗迹，只是清代及中华人民共和国成立后才有纪念性质的碑刻与文物保护设施的出现。虽然今天的封丘陈桥驿也算一处追忆性遗迹，但令我印象最深的仍是显烈观作为纪念场馆的迅速消亡及其长期空白的历史。

与其他各类历史遗迹相比，空白型遗迹才是历史与现实的常态，标识着历史的断裂、坍塌、遗忘、消逝。也只有站在荒僻的空白型遗迹面前，历史的沧桑感才会扑面而来，独自怆然的凭吊情怀才会让寻访者心中油然而生。

余　言

以上只是对仍在持续中的寻宋之旅的一点简单的归纳，显然谈不上任何理论性的价值，而且前人很可能早已有对这方面更深刻、精准的论述，我也并没有太多的关注。只是寻宋所见各类遗迹一般多被列为文物保护单位，其保存、开发、利用的状态及为世人了解的程度各不相同，以上简单分类或许也能为文物的保护利用工作提供一些浅显的分析的便利。比如延续型遗迹一般都保存完整、制作精良且仍然承担重要的社会文化功能，这类遗迹最适宜在采取充分的文物保护措施的基础上，投入资源有效地开发利用其本身的文化功能及由此衍生的旅游功能。宣示性遗迹的重点应该是系统地开展学术整理研究，追忆性遗迹的重点应该是承担其应有的文化教育功能。而空白型遗迹主要是考古工作者与访古爱好者活动的对象，对于单纯的访古爱好者而言，实际需求主要是系统的寻访资料与实地的寻访标识。

作为宋代文化遗产的西湖十景

一、西湖：从杭城水源到游赏之地

作为中国传统园林景观巅峰之作的杭州西湖主要是南宋时期的遗产。

西湖是钱塘江入海的湾口处由泥沙淤积而成的潟湖。秦时还没有西湖，杭州市区和西湖一带是钱塘江的入海口，一片江海相连的浅海湾。那时的人口集中在现在灵隐寺东边的山谷，钱唐县治就设在此处。东汉末期钱塘江口泥沙不断堆积，慢慢形成了一片沙洲。居住在钱唐县东部的百姓时常被海水侵袭，不得安生，郡议曹华信主持修筑防海堤塘，原来的海湾由此变成一个湖泊。隋唐时，原来的沙洲与海塘经过反复冲刷堆积形成陆地，居民聚集形成聚落，杭州在这时期开始设立，州治建在凤凰山下，这应该是杭州建城的开始。这时的西湖仍称“钱塘湖”，随着城市在湖东逐渐成形，白居易开始称钱塘湖为“西湖”。

由于城内常受钱塘江咸水入侵，这时西湖的主要功能是为杭城百姓提供淡水水源，所以才有李泌开凿六井。白居易出守杭州时，他在西湖（上湖）与下湖之间修筑了一条白沙堤，用来调节西湖水位、解决农田的灌溉问题。唐代白沙堤在宝石山东麓，随着下湖的消失，白沙堤已经不存，后来杭人将连接孤山的湖堤称为“白堤”以纪念白居易。白居易还写下了“最爱湖东行不足，绿杨阴里白沙堤”（《钱塘湖春行》）这样著名的西湖诗句，西湖在白居易眼中已是一道美丽的风景线，但直到这时，西湖的主要功能仍是提供饮用水与灌溉水源，西湖山水也保留着朴野自然的风貌，并无铅华媚态。北宋的苏轼修筑连通南北的长堤时，在堤上遍植桃柳，形成“苏堤春晓”标志性的桃红柳绿的景观，他在湖中设立的三座小石塔后来也成为西湖十景之“三潭印月”，但无论苏轼如何将西湖景观化，无论“淡妆浓抹总相宜”的诗句如何将西湖景观意境化，苏堤与三潭本身都是功能性的工程，而非单纯的园林景观项目。

只有在南宋，西湖才在整体上成为都市人群游赏的对象。宋室南渡定都临安，杭州得天时、地利、人和，成为当时最富贵繁华之地，有“销金窝儿”之称。在高度繁荣的社会经济与国家羸弱的矛盾的时代背景下，西湖成了芸芸众生安逸享乐的温床。在南宋人眼里，“西湖天下景，朝昏晴雨，四序总宜”，南宋的西湖是临安百姓玩乐、节庆、笙歌、礼佛的公共园林，与杭城百姓的生活紧密相连。比如宝庆三年（1227）上巳节有一次非常轰动的游乐活动，知临安府袁韶“招从班十三人修禊事于西湖”，那日游赏西湖的情形真可谓繁复而尽兴：

> 今日之游，群贤毕至，举觞张圃之池，舣棹苏堤之柳，谒先贤之祠，仰千载之风。羽衣蹁跹，抱琴而来，弹有虞《南薰》之歌，弄《空山》《白云》之操。已而联辔孤山之馆，引满海棠之下。是日也，晓烟空濛，昼景澄豁。睹物情

之咸畅，喜春意之日新。却弦断管，一尘不侵。越嶂吴山，尽入清赏。凡贩夫所粥，毕售于公。左右游桡，不令亦舞。此京尹之仁，都民之和，而太平之观也。于是乐甚献酬，交举或哦坡仙之什，或论晚唐之诗。颓然西景，放舟中流。

游赏已经成为南宋时杭州西湖最主要的社会功能。于是皇室与达官贵人纷纷占据湖山修筑园林，艺术家们更以西湖山水入画、入诗，并创造出西湖十景的题名，从而又完成了杭州西湖园林化、景观化与意境化的进程。西湖十景不但是这个进程的最终结果，并且在南宋以后进一步升华为特定的文化与精神的符号。

二、南宋西湖的景观化

南宋时皇室与达官贵人纷纷在西湖四周占地修建富丽精致的园林，结果杭州西湖在整体上构成一个巨型的园林景观。

南宋时皇家园林遍布杭城各地，其中西湖边有聚景园、屏山园、四圣延祥园等。聚景园是宋孝宗致养之地，光宗、宁宗也经常光临，西湖十景之“柳浪闻莺”即指此园。聚景园地处西湖东南，规模十分宏大，东起流福坊，西邻西湖，南至清波门，北至涌金门。此处可全览湖山之胜，将孤山、北山、苏堤、西山及保俶、雷峰诸塔尽收眼底。园内有景观建筑会芳殿、瀛春堂、揽远堂、芳华亭、花光亭（八角亭）及柳浪、学士二桥等。聚景园四季有景，《咸淳临安志》就形容“夹径老松益婆娑，每盛夏芙蓉弥望，游人舣舫绕堤，外守者培桑莳果”，又有瑶津、翠光、桂景、艳碧、凉观、琼芳、彩霞、寒碧、花醉、澄澜等名目。

《武林旧事》记载了孝宗邀太上皇与太上皇后一起游览聚景园的盛况。在遍游聚景园各景之后，太上皇等又坐船游湖至断桥，孝宗在游船上为太上皇、太上皇后祝酒。高宗在断桥上还遇见了“卖鱼羹人宋五嫂”，她对高宗说自己是“东京人氏，随驾到此”，高宗把宋五嫂请上船，“念其年老，赐金钱十文、银钱一百文、绢十匹”，还允许她向皇宫提供宋嫂鱼羹，

“仍令后苑供应泛索”，这就是杭州名菜宋嫂鱼羹的来历。这一次赵构玩得特别尽兴，返程时已经喝醉。孝宗奉侍高宗游览聚景园引起杭州全城轰动，大家都赞叹孝宗的孝顺，时人为此填词《壶中天慢》，其中就有“两世明君，千秋万岁，永享升平乐”之句。

南宋时孤山有四圣延祥观与西太乙宫两座道观，四圣延祥观奉祀紫微北极大帝之四将，即天蓬、天猷、翊圣、真武大元帅真君，西太乙宫则供奉太乙十神真群。在两个道观之间又有皇家园林四圣延祥园。延祥园位置极佳，南宋时即有“西湖胜地，惟此为最”“此湖山胜景独为冠”的说法。延祥园以林逋墓为核心，内有黄庭殿、香月亭、六一泉、陈朝桧等景观。黄庭殿是一座多层建筑，可俯瞰西湖，为全园主体建筑，殿内有著名画家萧照的山水画。香月亭在林逋墓侧，旁环植梅花，亭中大书“疏影横斜水清浅，暗香浮动月黄昏”之句。六一泉是孤山一处泉井，苏轼为纪念恩师欧阳修而命名“六一泉”，并于泉上建石室，南宋末年重修其亭，以太湖石为柱梁。

此外，南宋时净慈寺后也有皇家园林屏山园，开庆年间屏山园扩建，范围延伸至雷峰山下，理宗时更名为翠芳园。屏山园“内有八面亭堂，一片湖山，俱在目前”，是南宋观赏湖景的另一处胜地。

南宋时西湖四周遍布达官贵人的园林。其中出钱塘门往西湖北山一带，有古柳林和王杨存中的云润园，九曲墙下嗣秀王赵伯圭的择胜园，附近鄜王刘光世的隐秀园、玉壶园，昭庆寺（今少年宫）侧的谢太后府园。断桥附近有内贵张太尉的总宜园、杨存中的水月园、嗣秀王赵伯圭的秀王府园。往西至葛岭中段有权相史弥远与贾似道的园林，前者称琼华园、半春园、小隐园，后者称后乐园、养乐园，贾似道还占据了西泠桥南孤山一带的水竹院落。此外葛岭一带有赵婉容的快活园、廖莹中的寥花洲园，近苏堤又有裴禧的裴园，水仙王庙前杨驸马的挹秀园、刘光世的秀埜园等。再往西至赵公堤则有乔幼闻的乔园、史徽孙的史园及适安园（万花小隐园）。如果往西深处到九里松一带，又有尚书苏符的香林园、蕲王韩世忠的斑衣园。从九里松折返稍南至大麦岭一带，则有内侍卢允升的卢园、杨存中的梅坡园以及福王赵与芮的小水乐园。

出涌金门往西湖南山一带，除皇室的聚景园与屏山园，又有柳洲寺侧杨存中的环碧园、养鱼庄，万松岭内侍王氏的富览园，长桥南御赐的韩侂胄南园，雷峰塔一带循王张俊的真珠园、内侍甘昇的湖曲园，九曜山方家峪一带（今太子湾公园）有内侍刘公正的刘氏园，南高峰下还有最后为贾似道占有的水乐洞园。

权臣韩侂胄的南园、贾似道的后乐园原本都是皇室御园，后来就成为最奢华精美的私家园林。不过对于西湖的景观化来说，最重要的不是任何单体园林的华丽雅致，而是足够的密集度让西湖本身成为一个巨型的园林。

三、西湖景观的意境化

南宋时期西湖四周遍布园林，奠定了西湖的景观基础。但是西湖十景的定型，还需要这些景观完成一个意象化的过程。

西湖景观的意境化，主要体现在西湖十景的提炼与西湖诗画的持续涌现。“西湖十景”题名最早出现在南宋文献，是绘画因素与风景审美创造性结合的产物。南宋祝穆《方舆胜览》记载西湖“山川秀发，四时画舫遨游，歌鼓之声不绝。好事者尝命十题，有曰：平湖秋月、苏堤春晓、断桥残雪、雷峰落照、南屏晚钟、曲院风荷、花港观鱼、柳浪闻莺、三潭印月、两峰插云”，这是“西湖十景”在文献中的首次出现。吴自牧的《梦粱录》进一步指出，西湖十景是作为绘画题名而出现的：“近者，画家称湖山四时景色最奇者有十，曰：苏堤春晓、麴院荷风、平湖秋月、断桥残雪、柳浪闻莺、花港观鱼、雷峰夕照、两峰插云、南屏晚钟、三潭映月。春则花柳争妍，夏则荷榴竞放，秋则桂子飘香，冬则梅花破玉，瑞雪飞瑶。四时之景不同，而赏心乐事者亦与之无穷矣。”

“西湖十景”的单个景观在北宋时期已见于画家笔下，如明人《天水冰山录》中称，宣和年间的翰林待诏张择端画过一幅《南屏晚钟图》。南宋迁都临安，精于书画的宋高宗也喜绘西湖山水图，元代庄肃《画继补遗》记载宋高宗：“时作小笔山水，专写烟岚昏雨难状之景，非群庶所可企及也。予家旧藏小景横卷，上亲题‘西湖雨雾’四字。”绍兴十六年（1146），宋高宗在南山万松岭麓重建画院，这里环境清幽，毗邻西湖，开启了轰轰烈烈的西湖图景绘制之风，有学者甚至认为西湖十景最初就是南宋画院考试中出现的考题。此后陈清波绘制了《三潭印月图》《苏堤春晓图》《断桥残雪图》《曲院风荷图》《南屏晚钟图》《雷峰夕照图》，刘松年也有《西湖四景图》。南宋中后期，西湖十景已经成为完整、固定的绘图题材，出现了马麟的《西湖十景册》与叶肖岩的《西湖十景图册》，李嵩的《西湖图》则从皇城的视角绘制了西湖全景图。

现存传为南宋的西湖图包括刘松年《西湖四景图》、李嵩《西湖图》、美国弗利尔艺术馆藏《西湖清趣图》以及叶肖岩《西湖十景图册》。刘松年是绍熙年间（1190—1194）的画院待诏，因居于俗称“暗门”的清波门附近而人称“暗门刘”。《南宋院画录》著录刘松年西湖山水图多幅，其中《西湖春晓图》被誉为“笔法秀美，设色古雅，堪与赵千里《桃源问津卷》相伯仲”。《西湖四景图》又称《四景山水图》，现藏北京故宫博物院，绢本浅设色，每幅纵约41厘米、横约69厘米。此图撷取桃花垂柳、纳凉水阁、秋山红叶与松柏雪竹作为季节景观，描绘湖畔春行、纳凉远眺、虚堂闲坐、骑驴冒雪等西湖四季人文景观。组画将四季特征与人物活动融合得极为妥帖，近中景物描绘细而不拘，远山与湖水则以虚旷笔墨略约带过，极具西湖山水、亭园、人物情致，显示了画家对西湖景观的细致体察与深湛表现功力。

李嵩是光、宁、理三朝画院待诏，现藏于上海博物馆的纸本水墨《西湖图》归于李嵩名下。《西湖图》纵27厘米、横80.7厘米，画卷中烟云明没，山色依稀，气势旷远，在一片湿润淋漓的雾霭下面，西湖边上的宝塔、桥垣、扁舟、楼亭，还有环湖的群峦，慢慢显出轮廓。画家采用了全景画法，似著身空中，俯瞰而下，巧妙地将个别景致略加调整，以求更合于构图韵致，使保俶、雷峰两塔遥遥相对，诸名胜奇景尽收眼底。画幅正中央，是群山环抱的外湖，亦是经意留出的空白。 湖上风吹涟漪，浪遏飞舟，虚实相映，处理精到。近景湖滨上，用坚挺的界画笔法勾出楼阁屋宇，自左向右一字排开，形断势连，从而挽住湖水，使其显出回旋之势；也为全画空间层次定调妙笔。湖的左边，在散点叠染绘出的树丛之上，雷峰塔脱颖而出，塔下楼宇遍布，行笔纤细沉着。湖的右边，跨过断桥白堤，是孤山景色。此处笔调略虚，树丛皆以湿笔积染而成，浓重郁茂，得其生气。从孤山隔湖右望，画家以凝练之笔，纵横运转，写出层层亭阁。其后，山林掩映，笔法为破墨点染，浓淡相宜，并渐与湿笔抹出的远山融汇为一。

画幅远景的处理别具匠心，十分精彩。屋楼亭阁，只简笔表其形；竹林峰峦，亦淡墨略出其意；中留空白，实为烟云之路。所以笔墨无几，而气韵万千。及至湖水彼岸，那苏堤春晓景点之上，画家只略写五桥，随即深入远景刻画。用笔长驱直入，挥洒自如，于经意不经意之间，以看似杂乱之枯笔画出峦上远树，再以俊逸湿笔染出迷蒙的远山，将天高湖远、云锁雾罩的感觉表达得淋漓尽致。纵观全图，山色与笔墨同行，湖光与灵气俱化。这里有板实的楼台、宝塔，有沉郁的峰峦、丛树，还有空灵的烟波、云气，种种要素合于一起，结体自然，巧契天机，使人如亲临其境，不觉悠然神往。这种高度写实又极富变化的绘画作品被认为是南宋画院大师的艺术本色。但是也有学者认为《西湖图》创作于吴门画源兴起后的明代中期，画幅尾部有一极小款识“李嵩”是伪款。

《西湖清趣图》总长竟在16米，是现存唯一以描绘环西湖宅邸、店铺、街道等城市景观的画作，虽然被认为是创作于明末清初的苏州地区。但也有学者指出，从西湖印象、城门形制、桥梁道路、湖堤水闸、防火备警、引水工程、酒楼广告、舆服风尚、王府仪制乃至园林景观等图画细节出发，参照相关文献和考古实证，《西湖清趣图》所表现的应该是南宋晚期的西湖人文景物，即便是明代或更晚的作品，也应严格参考了早期的“粉本”。

至于《西湖十景图》，虽然南宋的僧若芬、马麟、陈清波等人都曾画过，现存只有台北故宫博物院、署名叶肖岩的一套《西湖十景图册》。此册画风为马夏一派，笔墨较为粗疏，所绘景观未必是西湖实景，但内容确凿无疑就是西湖十景，特别是两峰插云与三潭印月，南、北高峰上两座佛塔与湖中三座小塔赫然在目。

除了西湖景观图与西湖十景的命名，南宋也出现了吟咏西湖十景的组诗、组词，包括著名的王洧《湖山十景诗》与周密《西湖十景词》。诗词、绘画、题名的结合，说明西湖十景在南宋已经完成了其意境化、意象化的过程。

意象化意味着具体的物质形态升华为特定的精神文化的理念与意识，从而积淀为文化基因，超越时空地流传于人们的精神世界中。沧海桑田，世事无常。元代侵占西湖的现象愈演愈烈，田汝成《西湖游览志》中提到，苏堤以西的内湖，高处变为田地，低处变为鱼塘，苏堤东侧也被围垦和杂草占据，仅剩一条狭窄水道。因此明代不少杭州官员都提出疏浚西湖，正德三年（1508）杭州知府杨孟瑛力排众议整治西湖，疏浚出的淤泥变成了杨公堤。这时南宋时期西湖周围所有的园林景观早已烟消云散，但今天的西湖仍然延续着南宋时西湖十景的景观格局。这是因为南宋时期西湖景观完成了一个意象化的过程，并且凝聚成杭州最重要的文化基因。这种文化基因通过文献的传承成为中国文化重要的精神财富，并以此后的历史中不断地重生、更新、发扬光大。

四、西湖梦寻与十景重建

南宋灭亡后，作为实物的西湖景观虽然时兴时废，作为意境的西湖景观却不断深入世人，特别是士大夫阶层的精神世界。南宋以后两次亡国，杭州作为都城，其都市繁盛与湖山美景更成为一种文化标记与故国情怀而深入人心。元初出现了《梦粱录》《武林旧事》《都城纪胜》《西湖老人繁盛录》等追怀临安城的遗民作品。元朝刻意破坏南宋皇城与西湖景观。到了明朝，西湖景观不断有所恢复，而且逐渐取代临安成为士大夫追怀宋文化的特殊符号，田汝成的《西湖游览志》就在这种背景下形成。《西湖游览志》表面上看是一部记述西湖景观的说明书、西湖游览的指南，事实上其记述西湖景观时多追述宋朝历史，某种程度上是一部向宋文化致敬的书。这一点清代的四库馆臣就已经指出，《四库全书总目》称《西湖游览志》“虽以游览为名，多记湖山之胜，实则关于宋史者为多。故于高宗而后，偏安逸豫，每一篇之中三致意焉”。

到了清初，张岱的《西湖梦寻》不但进一步为西湖注入了故国情怀，更以“梦寻”的名义进一步升华西湖意境。张岱是山阴（今浙江绍兴）人，明末清初著名文学家、史学家。他出生于官缨世家，兴趣广泛，博览群书，早年纵情于游乐，曾自撰墓志铭称：“少为纨绔子弟，极爱繁华，好精舍，好美婢，好娈童，好鲜衣，好美食，好骏马，好华灯，好烟火，好梨园，好鼓吹，好古董，好花鸟，兼以茶淫橘虐，书蠹诗魔，劳碌半生，皆成梦幻”。崇祯八年（1635）张岱参加乡试不第，此后放弃科考终生不仕。明朝灭亡后张岱坚定抗清，但在南明政权趋于覆灭之际避兵剡中。此后张岱一心著述，生活清苦，“年至五十，国破家亡，避迹山居，所存者，破床碎几、折鼎病琴，与残书数帙、缺砚一方而已。布衣蔬食，常至断炊。回首二十年前，真如隔世”。

张岱被举为晚明小品文的集大成者，既是深受儒家经世致用思想熏陶的儒士，又是喜繁华尚奢侈的纨绔公子；既是慷慨激昂的义烈之士，又是明亡后苟且偷生的前朝遗民。《西湖梦寻》是康熙十年（1671）张岱以明朝遗民的身份写成，全书七十二则，第一则总写西湖外，共记述七十一处西湖及周边的名胜。张岱自幼跟随长辈在西湖别业生活，对西湖山水十分熟悉。可以说西湖本是张岱的西湖，他与三五人独享过冬日雪后西湖的孤寂与宁静，偏爱七月的夜西湖月色下的凉意。

当西湖山水遭遇战火的浩劫，张岱便在梦中追寻西湖。西湖累积了千百年丰厚的文化遗产，是唐宋以来中国文化的荟萃之地，一砖一瓦、一草一木中都有说不尽的人文风情。西湖就是一座中国文化的陈列馆，任何一处景观都独立构成一部文化史。无论是祠堂陵墓还是道观佛寺，张岱的《西湖梦寻》总能翔实介绍各景点的创建及兴废经过，既有纵向的史实的梳理，又有横向的空间的叙述；既是一部西湖志书，又是一部感性的中国文化史。所以有学者指出，张岱

“为西湖各处景致注入新的精神和内涵，提升了其文化品格，让它更有灵性，也更有气质，张岱也成为西湖风景不可缺少的一部分，彼此相互成就，张岱因西湖而不朽，西湖因张岱而生色”。

张岱年轻时发现并砸毁了毁灭临安城、宋六陵与西湖景观的元僧杨琏真伽的塑像，他是明朝遗民、抗清志士、江南士大夫的文化代表，《西湖梦寻》是他追怀故国、从文化上抵制清朝的著作。对于清朝的统治者来说，以帝国之力再造即使明朝也没有完整呈现过的南宋西湖十景，便是他们征服在文化上特别自负的江南士大夫的最好方式。康熙三十八年（1699）清圣祖玄烨第三次南巡时，在江南一路游山玩水，不但为西湖留下了众多题咏，还御题西湖十景。玄烨将“两峰插云”写成“双峰插云”，改“麯院荷风”为“曲院风荷”，“雷峰夕照”变成“雷峰西照”，“南屏晚钟”则成了“南屏晓钟”。这次御题西湖十景就成为再现南宋西湖景观的契机。南宋的西湖十景往往没有具体的地点，只是画家、文人的艺术表现的一种意象，但安置康熙的御碑既需要确切的位置，又需要对应的景观。比如平湖秋月原来只是泛舟赏月，为了竖立御碑，高士其在白堤旁迁走寺院建造观月平台。柳浪闻莺的柳树在清兵入杭城时早已砍光，高士其特地在清波门附近密集种植几百棵柳树重建“柳浪”的景观。麴院荷风的麴院，元代以后就已衰落，康熙改成“曲院风荷”之后，李卫便建造九曲通幽的院落刻意迎合。

因康熙御题西湖十景而再造西湖景观，可以说是后世第一次整体性恢复南宋西湖景观，此举包含着“征服”汉族文化的意味。但清帝如此痴迷于西湖景观，康熙之后乾隆再下江南，不但为西湖十景各题御诗，还将西湖十景移植到圆明园等京城的皇家园林，在某种程度上讲，可以理解为清帝深受宋文化的影响。所以清代西湖十景的重建与复制，既是对宋文化的传承，也是中华民族文化大融合的盛事。

附录：冷眼看宋朝：我们对历史的认识，还在“盗梦空间”的第几层梦境？

——《南方周末》对吴铮强的专访

南方周末记者　王华震

在一般的历史叙述里，寇准的形象耿直敢言、忠心可鉴，他直谏宋真宗北上御驾亲征，最终与辽国签订了澶渊之盟，为辽宋两国百余年的和平奠定了基础。

然而，历史学者吴铮强在宋代正史的背后，发现了另外一个寇准。正史中描写的澶渊之盟中的宋真宗胆小如鼠，几乎是寇准拖着真宗御驾亲征。在前线，也是寇准神机妙算，一直喝酒赌博，最后把仗打赢了。“这些情节是虚构的，亲征本来就是真宗自己提出来的。”种种关于寇准的正面事迹，吴铮强几乎都找到了不同的故事版本。

顺着寇准的线索，吴铮强发现，关于宋朝的各种史书，就像电影《盗梦空间》里的多重梦境，让现代读者迷惘其中而不知身在几重。“宋朝历史的掩饰与虚构是从历史发生的那一刻就开始，然后经历了好几手不断掩饰与重构的过程。”他说。到了明代，时人编撰了关于宋史的通俗读本《宋史纪事本末》，“把原来混乱的掩饰与重构系统化、清晰化、定型化了”，这也导致长期以来，很少有人通过宋朝留下的原始历史文献去还原，而是依据已构建过的史书去认识那段历史。

其中最典型的掩饰，就是宋代的宫斗。寇准形象的变异，也与真宗、仁宗两朝的宫斗密切相关。吴铮强认为，中国古代其他的大王朝，如两汉、魏晋、隋唐、元明清，宫廷政治的基本面貌大致还是清楚的，宫廷政治本来就是理解这些王朝历史的基本路径，“研究唐史不知道玄武门之变、韦后之乱，研究汉史不知道诸吕之变、巫蛊之祸，那是完全不可想象的”，而这些常识，在宋史中却变得非常特殊，“传统史书给人的印象，宋朝已经摆脱了类似的宫廷政治现象，《宋史》中还专门强调，宋朝已经没有吕武之乱那样的后妃干政现象，更没有汉唐那样的宦官干政现象，其他武人、外戚也被排除在核心权力层之外，好像宋朝的宫廷完全是按照儒家的伦理规则在运作似的”。

“一方面觉得有些胡闹与悲哀，另一方面也有些赞叹与兴奋。”吴铮强说，赞叹是因为宋明之际士大夫以理学理想构建出的宋史叙述，其误导性竟然可以如此成功；而兴奋，则因为这给今人的宋史研究留下了巨量的空间。

吴铮强写出《官家的心事：宋朝宫廷政治三百年》一书，专门讲宋代宫斗。他要让本应在王朝历史中举足轻重的宫斗，从层层遮掩的史料中显影，让读者至少可以从深层的梦境往更上一层梦境推进。他不揣摩官家的心事，但官家的种种幽微心事，顺着他对史料的爬梳，变成了一种合乎历史情境的推理。

重点不是“宫廷政治”而是“研究”

南方周末：你在书中说，“不研究宫廷政治，就读不懂宋史”，是不是可以把这个说法扩大，在帝制时代的中国，不研究宫廷政治，就读不懂古代中国历史?

吴铮强：帝制时代的中国，宫廷政治具有普遍性，存在于官僚制的权力体系中。其实我们在日常生活中就会讲豪门家族的遗产争夺、上市公司的股权争夺，或者最近发生的国内某主播相关事件，社会上都会理解为宫廷政治，这不只是一种比拟，还是类似于把官僚制的概念泛化为社会学概念的一种理解。

“不研究宫廷政治，就读不懂宋史”，这里的重点词不是“宫廷政治”而是“研究”。“宫廷政治”对任何中国王朝及其官僚制组织都同样重要，但是对于宋朝来说，有个特殊问题就是必须重新“研究”。《宋史》甚至把斧声烛影（太宗篡位）描述为太祖禅让，好像研究宋朝的历史只要关注士大夫们的政治理想就可以弄清楚了。所以这句话的关键，不是在说宫廷政治本身重要——这是常识，而是说研究有多重要，因为长期以来不受重视，也没有弄清楚。

南方周末：你之前说写作宋代宫廷史是受到林鹄关于寇准的观点的启发，你现在认识到的寇准的形象和正史中的寇准有哪些不一样？

吴铮强：寇准后来谥“忠愍”，他与王钦若形象的忠奸对立后来成为叙述宋朝这段历史的主要脉络，但我现在认为，这种脉络完全是出于特定政治目标构建起来的，脱离了真实的历史情境。

我本来是想梳理一下如此荒唐的寇准形象是如何构建起来的，然后就掉下巨坑了，我原来以为对寇准的虚构就集中在澶渊之盟，哪里知道他一生所有的重要事件其实都存在问题。这些事情真的一言难尽，我这里讲另一个非常极端的例子，就是乾祐天书。史书上讲这是真宗引诱寇准干的，寇准不管是否乐意，反正都是寇准被动上乾祐天书。我重新梳理后发现，上乾祐天书最初完全是寇准主动的，涉及宫廷重大的政治斗争，而且是在真宗不知情的情况下发生的，同时也是真宗晚年寇准与刘皇后激烈政治斗争的序幕。

南方周末：如果寇准的真实形象和正史相差那么大，那为什么宋代官方要塑造这样的寇准形象，为此甚至不惜牺牲掉真宗的形象？

吴铮强：笼统地讲，这是抽象的士大夫政治的问题，因为真宗不但崇道，而且临终前将权力交给了刘皇后，而不是以寇准为代表的士大夫，这是士大夫阶层完全不能接受的。后世士大夫试图构建士大夫主流的宋朝政治史，就必须塑造士大夫阶层抵制真宗澶渊之盟、崇道、刘太后专权的形象，真宗形象就必须牺牲掉了，否则体现不出士大夫的伟岸来。当然这种叙事的形成是一个漫长的过程，应该说直到明朝才定型，这个过程非常复杂，还需要大量的研究才能厘清。

要讲中国的原始史料比西方少，这是偏见

南方周末：宋代士大夫热衷于掩盖宫廷政治，很大原因是你提到的儒家理想的驱使。但就像你在论文《寇准谋废东宫考》里的推测，宋太宗三子夺嫡与

唐太宗择储的情节和权力结构有相似之处，且宋太宗、刘娥问鼎权力时对唐太宗、武则天有意无意地模仿……是否这些特定的事件触发了宋代士大夫“超越汉唐”的心理，激发了他们掩盖历史的动机？

吴铮强：对的，我认为宋代士大夫超越汉唐的心理，首先是针对宋帝无限崇拜汉唐的心理。这在王安石与神宗的对话中非常明显，神宗抱着崇拜的心理问王安石，唐太宗如何，意思是自己能不能成为唐太宗这样的伟大君主，他没想到唐太宗直接被王安石鄙视了。至于掩盖历史，是帝王与士大夫双重作用的结果，帝王要掩盖具体的作为，士大夫要构建士大夫主导的历史叙事。

掩盖历史的另一个至今没有认识清楚的问题，就是把熙宁变法理解成王安石变法，好像是王安石指导神宗变法，我个人相信王安石没有这么厉害，是神宗选择王安石执行他的变法计划。这个掩盖的过程是非常复杂的，既要为神宗推卸责任，又要构建士大夫政治，还要重新肯定变法，这是三个不同时期对历史的构建。现在我们对熙宁变法的理解，其实是建立在这种层叠构建的基础上的，很多讨论还在构建中打转，还没有接触到历史实相的层面。

我很喜欢用“盗梦空间”的比喻：如果所谓的历史研究陷入了层层叠叠、无穷尽的反复构建之中，甚至无从判断自己身处盗梦空间的第几层次，那就必须随身配备一枚区分真幻的陀螺。然而这样的陀螺并不存在，从梦中醒来的机会已经永久丧失。理论上讲，还原到第一层梦境仍有可能，也是极限——这应该就是构建的边界。历史研究的第一层梦境，可能就是可以利用的原始史料。史料不再是醒梦的陀螺，或许甚至不是第一层梦境，而是尚未毁灭、最浅的第N层梦境。

南方周末： 关于史料有一种说法，日本、欧洲的史料性质，如教堂档案、乡村档案、寺社文书，和我们的编撰过的史书完全不一样，于是很多人说中国的原始史料不够丰富，你怎么看？

吴铮强： 传统所谓的中国人的历史意识，是指一种政治意识，即以治理国家为核心的历史编纂传统，这和现代历史研究根本是两个观点，这是事实。但要讲中国的原始史料比西方少、中国的史料不可靠，那我就完全不同意，这是偏见。金文、汉简、甲骨文、敦煌文书都是原始史料，明清就更不用说了，我自己就是专门研究龙泉司法档案的。宋代的原始史料也很丰富。

但我更想说的是，这都不是重点，关键是如何利用的问题。你说宋人编的《宋大诏令集》是不是原始文献，跟原始档案有区别吗？问题是，这种材料很常见，学者也反复引用，但是好像没有研究出什么新的局面来，这才是大问题。宋朝不是没有原始文献，而是研究宋史的学者可能还没有充分的原始文献的意识，总是受制于后来构建的叙事框架，哪怕是原始文献，也只是从中摘录几点材料去填补后来的叙事框架，没有利用原始文献整体上重建历史认识的意识。我觉得这是最大的缺陷，当然也是最大的机会。

为什么没有想过依据《宋大诏令集》本身构建一个历史叙事体系呢？要知道《宋大诏令集》完整呈现

的宋代，和一般被接受的比如《续资治通鉴长编》可能根本不一样。《宋会要》《宋人别集叙录》也是同样的情况。用我前面盗梦空间的比方，现在对宋史的认识可能是在第五、六层梦境徘徊，有些人努力还原到第四层，有些人甚至还想再制造出第七、八层，但宋代的史料，至少有大量可以还原到第二层的，可以还原到第一层的原始史料绝对数量也不少。前面的工作是海量的、极具挑战性的。

我不揣测历史人物的心理

南方周末：你把宋代宫廷政治分为皇帝时期、皇太后时期、太上皇时期和权相时期几个阶段，这是依据某种内在的演变逻辑，还是只是给政治形式的一种命名？

吴铮强：写作时这个分期主要是从形式上去讲的，但这种形式不是没有实质意义。如果对历史的理解总有一种线性发展的固定思维，就非常有局限性，这个思维在宋朝宫廷中未必成立。

形成宫廷政治四个阶段的整体脉络比较复杂。皇后、太后是皇权最核心且合法的补充，贯穿于整个宋朝。皇太后从来没有缺席过宋朝的宫廷政治，宋朝垂帘听政的皇太后除了真宗刘皇后、仁宗曹皇后、英宗高皇后与神宗向皇后，南宋时还有哲宗孟皇后与高宗吴皇后。北宋后期，太后垂帘听政现象并不是完全延续，但这阶段的皇后无论成败都有模仿真宗刘皇后的冲动。从这个角度讲，后妃参与政治可以说是宋朝始终存在的现象。

太上皇政治从徽宗开始，到宁宗朝结束，从更大的历史背景来看，和宋金战争相始终。宋金战争中，皇帝为推卸战争责任而退位为太上皇，这是太上皇政治形成的真正动力。徽宗退位后逃到南方，很明显是要推卸抗金的责任；高宗是在完颜亮侵宋失败后退位，很明显他也不想再承担抗金的责任。但两人退位后，并不是完全就不干预政治了。把这个时期称为太上皇政治没有问题，这是非常特殊的现象。

宁宗朝之后出现了权相政治。太上皇政治的长期延续势必导致皇权本身的衰落，所以宁宗继位本身是与后宫、权臣联合的结果。按照一般的理解，王安石、秦桧二位权相是屈于皇权之下的皇帝代理人，而南宋后期的韩侂胄、史弥远、贾似道是皇权的实质操控者。但我有一些新的理解：这两者的区别未必有想象的那么大，韩、史、贾也未必是皇权的操控者，或许他们也只是皇帝的代理人而已。南宋后期权相政治的实质，是帝、后、相三者联合掌权的权力模式，皇帝未必大权旁落，皇后或太后仍深度参与，可能只是拿权相作为南宋屈辱政治的遮羞布。

南方周末：帝、后、相的联合专政模式，涉及皇帝的微妙心理，书名是《官家的心事》，其中是否涉及心理史、感觉史等新的史学研究方向？

吴铮强：心理史、感觉史，这个概念在写作时是不强烈的，书名是后来取的。坦率地讲，我尽量避免揣测帝后相的心理。但书名没有不合适，我不揣测历史人物的心理，不代表他们没有复杂的心理活动，事实上我相信只要把他们所处的复杂的宫斗局势描绘清楚，他们可能经历何等复杂的心理活动，其实都是可以想象的。

士大夫会骂皇帝，但也不能把皇帝怎么样

南方周末：无论是皇太后、太上皇或权相，其实都是对皇权的某种分享，在与士大夫共治天下的宋朝，是不是可以说，只要保证士大夫所享有的那部分权力，他们会在一定程度上容忍皇权的实施者并不是皇帝本人？

吴铮强：这个问题很有趣。具体来讲，宋朝士大夫政治很大程度上是通过抵制真宗刘皇后垂帘听政时过度膨胀而形成的，并且通过依附垂帘听政的太皇太后高氏，第一次实现了所谓的士大夫政治。然后，史弥远专权时，宋理宗将道学确立为正统思想，所以史弥远虽然受到道学的非议，但他的专权某种程度上就是士大夫政治本身。但外戚韩侂胄专权时有庆元党

禁，韩侂胄与士大夫集团应该说是对立的。士大夫对太上皇也是如此吧，抵制徽宗、高宗，而将希望寄托于钦宗、孝宗，但过宫风波中士大夫似乎站到了太上皇那边。所以这么理解我觉得是有相当道理的。

南方周末：你提到，士大夫政治很大程度上是通过抵制真宗刘皇后垂帘听政时过度膨胀而形成的，这个结果为什么可以被巩固下来并形成传统？宋代的士大夫政治在历代王朝中确实走得更远，很多学者从社会文化角度来分析这个现象，但从宫廷政治的角度来看，开启士大夫政治是否也是历史的偶然？

吴铮强：士大夫政治的概念是分好几个层次的。第一个层次，儒学成为选官固有的标准，这个传统东汉就确立了，事实上在政治层面，我认为宋朝的士大夫政治并没有超越东汉，甚至可能是倒退的。这就涉及士大夫政治的第二层，即士大夫掌握“道统”，指导皇帝统治天下，这是宋儒提出来的一种新的政治构想，现在很多人从这种意义上去理解宋代士大夫。

对此我个人认为有两点是非常明确的：一、这个构建确实存在，在朱熹那里，就是余英时说的朱熹的皇极观；二、这个构建从未成为现实，朱熹一提出这种观念就遭到朝廷的严厉打击，所以这样的士大夫政治只存在于构想中，不存在于政治现实中。

那程朱理学后来被扶植为正统思想，为什么不能说这种构想没有变成现实？非常简单，皇帝接受这套思想是有条件的，就是皇帝宣告自己掌握道统，在儒学的领域皇帝成为士大夫的领袖。我认为这个过程在南宋已经成型了，特别是宋理宗。宋理宗已经确立程朱理学的正统思想，以前我们认为宋理宗无能，这只是一种笼络、粉饰的手段，现在我觉得这么看太简单了。其实宋理宗已经明确宣称自己是道统的继承者了，我意识到这一点还是因为宋画的研究成果，当时画了一套圣贤像，有几幅现在还保存在台北故宫博物院，伏羲、尧、禹、汤、武的脸，其实画的是宋理宗本人的脸，而这个画像上有宋理宗的题赞，这个题赞又是宋理宗确立程朱理学为正统的核心举措。

宋明的士大夫政治与汉唐的士大夫政治，在君主专权这一点上没有区别。在社会结构的层面上，东晋南朝的门阀士大夫阶层的力量比明清士绅阶层大多了。宋代士大夫政治的最终结果，其实是要求皇帝接受理学那套东西，这是新的现象，但权力结构没有变化。所以我们看到典型的宋明士大夫政治，就是儒臣动辄跟皇帝吵架，说皇帝的言行不符合理学的标准，但吵架不过是吵架而已，士大夫是会骂皇帝，但也不能把皇帝怎么样，而且皇帝当然还是要收拾你的。

脍炙人口的传说故事“狸猫换太子”即取材自真宗时期后宫夺权的历史。据吴铮强观察，后妃参与政治是宋朝始终存在的现象。

南方周末：宦官在历代宫斗中都扮演了重要的角色，你在书中也着重描述了王继恩在太宗继位时的行迹，但总体来说，宋代宦官似乎并没有像汉唐那样走到前台。宦官作为皇权的重要支撑，很难想象他们在宋代宫斗中的作用如现存史书中所展示的那样小。宋代的宦官是否也是一个被史料严重遮蔽的群体？

吴铮强：那当然。但没有走到前台，并且被刻意遮蔽了。举个例子，仁宗大喊“皇后与张茂则谋大逆”，这个张茂则，后来神宗去世，高太后主持传位哲宗时有这样那样的小动作，在朝臣与高太后之间进行沟通的还是这位张茂则，你说有多重要？但是这位张茂则，在主流的庆历八年政变中是没有出现的，我都把这个给忽略了。事实上，张茂则当时就在现场，而且他是第一个冲进殿中的，说实话我读到这种材料都会觉得可怕，藏得太深了，阴谋太多了。

士大夫是遮蔽的主要原因，士大夫会去宣扬他们吗？当然我们仍要承认，宋朝没有宦官之祸，也没有宦官掌握政权、扶立皇帝的现象，但宦官本身是皇权重要的组成部分，是皇权的直接延伸，他们参与宫廷内外政治是必然现象。皇权本身不需要隐蔽宦官，在宋朝实际的政治生活中，我相信宦官是一点都不隐蔽的，史书上才隐蔽了，书写与实际场景可能会产生极大的落差。

南方周末：宋代宫廷政治晦暗不明的原因，除了宋学的兴起影响到历史的价值观之外，是否也和宋代官修史书制度过于成熟有关?

吴铮强：这是一方面，但这是修史制度过于成熟还是不成熟就不太好描述。自从唐太宗破坏了皇帝不干预修史的传统，宋朝皇帝就完全肆无忌惮了。但麻烦的是有些问题不是官方史书造成的，官方写的还正常一些，有些是士大夫在笔记、小说里造谣的，再后来就用士大夫造的谣取代了官方史书的叙述。结果用一些更假的记载取代一些比较假的记载，反而还显得很真实了，因为名义上是在纠正错误。

南方周末：宋代的宫斗虽然激烈，但也可以看到，宋代宫斗很少如前代那样出现大规模流血事件。

吴铮强：激烈与残暴是两回事情，我呈现的是激烈。相比其他朝代，宋朝的宫斗文明得的确有点“小清新”。偷偷下毒、只做不说等等，比直接打内战文雅多了。

唐宋变革不是古代史上本质性的变革

南方周末： 前些年流行的宫斗剧是否反映了宫斗的某种历史真实？你觉得一部能传达历史真实感的宫斗剧需要具备哪些特质？

吴铮强： 因为皇权政治的重要侧面是宫廷斗争，所以人们热衷于通过宫斗剧理解王朝史是可以理解的。但是不是反映了某种历史真实，还是要依据宫斗剧本身的内容。现在的宫斗剧基本上是虚构的，王朝历史往往只是随意安上去的一个外壳，当然不能反映历史真实，甚至是对真实历史的纯粹误导。

如果局限于纯粹的历史剧，我只能举出一部，就是阿城、孟宪实编剧的《贞观之治》。如果再举一部未必是纯粹历史剧但引人入胜、传达历史真实感的剧集，那就是凌力原著、刘恒总导演的《少年天子》。这些都不是纯粹的宫斗剧，但宫廷政治是其中非常核心的内容。这些剧集都是由杰出的文学家、历史学家参与制作的，这是成为优秀的宫斗题材历史剧的根本条件，相比之下后来那些纯粹的宫斗剧，如果把它们完全作为另一种剧集类型我并没有意见要发表，我没有认真看过《甄嬛传》，但休闲时饶有兴趣地看过《延禧攻略》，那个剧挺吸引我的，但我绝不将其与历史真实做任何联系。

有一部被捧成神剧的作品《大明王朝1566》也涉及宫斗部分，这部剧我也非常喜欢。我个人判断，这部不算是历史剧，应该归类为古装故事剧，虽然朝廷部分全部采用了历史人物，但具体故事还是虚构的。

如果范围不限于中国古代王朝，美剧《纸牌屋》是我比较重视的一部“宫斗剧”，对于认识当今美国政治有重要的现实意义，相比之下《权力的游戏》反而要逊色。

除此之外，还有一些影片虽然有非常明显的缺陷，我根本不认为是优秀的电影作品，但导演尝试对宫廷政治相关的问题做出自己的解释，还是挺有趣的。我想举的例子是陈凯歌的《刺秦》与陆川《王的盛宴》。还有一部历史剧集我小时候看过的，给我留下了特别深刻的印象，就是郭宝昌导演、张丰毅主演的《淮阴侯韩信》。

南方周末：很长一段时间以来，有关“唐宋变革”的讨论是学术论争的焦点之一，很多学者都有精彩的梳理。“唐宋变革”这个议题如今是否还有讨论的余地？比如从宫斗的角度来看，唐宋之间会有怎样的演变？

吴铮强：现在对这个问题的认识是有很大局限的。首先，唐宋之际当然发生了巨大的变化，这没问题，但这不是中国古代历史上本质性的一次变革，我个人看来，唐宋变革远比不上商周之变、周秦之变、宋元之变，大概与汉魏（南北朝）之变可以相提并论吧。其次，现在好像把唐宋变革理解成老外夸奖我们的一个话，这个有极大的误会，李约瑟夸宋朝科技多发达，是要说宋朝后科技就没有希望了，日本人讲宋朝近世说也是同一个意思，他们夸宋朝是为了贬低明清，从而贬低中国历史。我不想把话说得太重，但就是这样，所以我有时不理解大家为什么这么喜欢“唐宋变革说”。

图书在版编目（CIP）数据

宋朝的祛魅 / 吴铮强著. -- 成都：四川人民出版社，2025. 1. -- ISBN 978-7-220-13897-3

Ⅰ. K244.09

中国国家版本馆CIP数据核字第20241281UG号

SONGCHAO DE QUMEI

宋朝的祛魅

吴铮强　著

出 版 人	黄立新
策划统筹	封　龙
责任编辑	李沁阳
版式设计	张迪茗
封面设计	今亮后声
责任印制	周　奇
出版发行	四川人民出版社（成都市三色路 238 号）
网　　址	http://www.scpph.com
E-mail	scrmcbs@sina.com
新浪微博	@四川人民出版社
微信公众号	四川人民出版社
发行部业务电话	（028）86361653　86361656
防盗版举报电话	（028）86361653
照　　排	四川最近文化传播有限公司
印　　刷	成都东江印务有限公司
成品尺寸	130mm × 183mm
印　　张	9.75
字　　数	137 千
版　　次	2025 年 1 月第 1 版
印　　次	2025 年 1 月第 1 次印刷
书　　号	ISBN 978-7-220-13897-3
定　　价	68.00 元

壹卷

YE BOOK

洞 见 人 和 时 代